1   Ernährung bei Frukt(

Diese Empfehlungen bitte immer mi
Diätologen/in absprechen! Die Reze
die schulmedizinischen Therapien.

Die Kalorienangaben frischer Zutaten (Obst und Gemüse) schwanken
je nach Qualität und Erntezeit. Die Inhalte wurden von einer Diätologin
und einer Ernährungsberaterin für die Traditionelle Chinesische Medizin
(TCM) geprüft.

Autor:
©2016 Josef Miligui
www.ebns.at

Titelfoto:
©2008 Erika Weixlbaumer

Quelle:
Die Listen werden aus der EBNS-Datenbank für die
Ernährungsberatung generiert. Die Datenbank wird von
Ernährungsberater, Therapeuten und Ärzte für die Beratung der
Patienten/Klienten verwendet.

Literaturliste:
Wir haben die Unterlagen als Wissensbasis genutzt und an unsere
Erfahrungen angepasst und ergänzt.
http://ebns.at/index.php/de/datenbank/literaturliste

Herstellung und Verlag:
BoD – Books on Demand, Norderstedt

ISBN
978-3-8391-5382-6

DIÄTETIK - Gastrointestinaltrakt - Dünndarm und Dickdarm - Fruktosemalabsorption
(Buch: 021)

Die Symptome einer Fruktosemalabsorption können sehr vielfältig sein. Die Betroffenen klagen nach dem Verzehr von Obst, Fruchtsaft, Obstkuchen oder Fruchteis u.a. über folgende Beschwerden: Blähungen / Völlegefühl, Durchfall (wässrig), Verdauungsprobleme, Bauchschmerzen.
Nach einigen Stunden setzt dann Erleichterung ein. Diese Beschwerden werden oft mit einer Belastung mit Candidapilzen verwechselt, wobei der Candida-Nachweis im Stuhl durchaus positiv sein kann. Nach einer antimykotischen Behandlung und einer strengen Diät kommen die Beschwerden jedoch in unvermindert heftiger Form zurück. Auch depressive Verstimmungen können bei Fruktosemalabsorption auftreten.
Der gesunde Mensch verträgt ca. 30 g Fruktose pro Tag. Bei Menschen, die unter einer Fruktosemalabsorption leiden, kann die verträgliche Fruktosemenge sehr verschieden sein. Manche Betroffene können nur 1 g Fruktose pro Tag zu sich nehmen, andere 10 g. Diese Schwelle muss jeder für sich selbst herausfinden und sich demnach ernähren. Die verträgliche Dosis ist jedoch nicht nur von Mensch zu Mensch, sondern auch von Zeit zu Zeit verschieden. So ist die Fruktoseverträglichkeit bei Frauen z.B. zyklusabhängig und durchlebt jedes Monat Hochs und Tiefs. Um herauszufinden, wie viel Fruktose sie tatsächlich vertragen würde ich Ihnen empfehlen ein Ernährungstagebuch zu führen. So ein Tagebuch ist im Grunde eine ganz einfache Sache. Sie schreiben auf, wie viel und wann Sie von welchem Lebensmittel gegessen haben oder was Sie getrunken haben und beschreiben Ihre Symptome. So können Sie relativ schnell herausfinden, wie viel Fruktose Ihr Körper ungefähr verträgt.

2   Therapiestrategie

Meiden von fruchtzuckerhaltigen Nahrungsmitteln, z.B. bestimmte
Obstsorten mit hohem Anteil an Fruchtzucker, Fruchtsäfte
Meiden von Sorbit, weil die Fruchtzuckerresorption dadurch blockiert
wird Eventuell Meiden von milchzuckerhaltigen Nahrungsmitteln, da
Milchzuckerintoleranz oft mit der Krankheit zusammen auftritt.

Allgemeine Empfehlungen

Fruchtzucker zusammen mit Traubenzucker verzehren, um die
Aufnahme des Fruchtzuckers zu verbessern. Fruchtzucker erst nach
einer reichhaltigen Mahlzeit verzehren. Lebensmittel mit
Fruchtzuckergehalt langsam verzehren, z.B. Saft verdünnen oder kleine
Schlucke einnehmen. Meiden von Fertiggerichten, die
Milchzuckerpulver als Träger oder mit Fruchtzuckeraustauschstoffe
(Sorbit, Isomalt, Mannit, Xylit etc.) zubereitet werden können.
Bekömmliche Zubereitung der Speisen wie Dünsten, Dämpfen,
vorziehen. Meiden von Grillen, stark anbraten, Frittieren. Speisen mit
viel Kräutern würzen.
Ausreichende Flüssigkeitszufuhr, 1,5-2 Liter pro Tag.

3 Vermeiden

Unverträgliches Obst sowie daraus hergestellte Nahrungsmittel wie zB:
Obstsäfte, Kompotte, etc.
Honig, Diabetikerprodukte, Einige Süßigkeiten.

4 Speiseplan

Kalorien

4.1 Frühstück

4.2 Jause

4.3 Mittag

4.4 Nachmittag

4.5 Abend

4.6 Jederzeit

5 Rezepte

empfehlenswert = Sie können mehr verwenden, weniger = wenn
möglich weniger verwenden.
TL=Teelöffel, EL=Esslöffel, L=Liter, g=Gramm,

5.1 Adzukibohnen-Reis-Suppe

Stärkt Milz, Herz und Niere und Magen, unterstützt das Wasserlassen,
fördert Durchblutung, lindert Entzündungen.
Kalorien p. Portion 199
Kochdauer ca. 2 Sunden

Menge	Zutaten	
8 EL	Adzukibohnen	ja
2 EL	Reis Rundkornreis	ja
2 Tassen	Wasser	ja
1 EL	Honig	ja

Kochanleitung:
Eingeweichte Adzukibohnen und Rundkornreis im Verhältnis 4:1 so
lange bei kleiner Hitze in Wasser kochen, bis ein dünner Brei
entstanden ist. Nach Bedarf süßen; eventuell pürieren.
Wirkung: Dieses Rezept kräftigt Niere, Milz und Magen und ist
besonders für Mütter mit zu wenig Milchfluss geeignet

5.2 Andalusischer Fischtopf

Stärkt Immunsystem, beugt Krebs vor, löst Stagnation, fördert
Gewichtsabnahme, Abwehrschwäche, Appetitlosigkeit, Blähungen,
Bluthochdruck, Depressionen, Diabetes, Durchfall, regt Appetit an.
Kalorien p. Portion 347
Kochdauer ca. 30 Min. (+Grundrezept)

Menge	Zutaten	
500 ml.	Grundrezept für eine Gemüsebrühe nahrhaft	ja
2 Stück	Zwiebel Frühlingszwiebel	wenig
1 EL	Olivenöl	ja
1/2 Stück	Zitrone Schale	wenig
1 Stück	Lorbeerblatt	ja
200 g	Kartoffel	ja
300 g.	Kabeljau	empfehlenswert
4 EL	Weißwein	wenig
1/2 EL	Zitrone Saft	wenig
1 Prise	Salz	wenig
1 Prise	Pfeffer (gemahlen)	ja
1 EL	Petersilie	ja
8 Scheiben	Weißbrot (Weizenbrot)	wenig

Kochanleitung:
Gemüsebrühe mit kleingeschnittenen Frühlingszwiebel, Olivenöl, abgeriebener Zitronenschale und Lorbeerblatt zum Kochen bringen. Brühe zugedeckt 10 Minuten kochen. Geschälte, kleingewürfelte Kartoffeln dazugeben und in ca. 8 Minuten fast weich kochen. Fischstücke und Weißwein dazugeben und auf kleine Hitze schalten. In der leicht kochenden Brühe in wenigen Minuten den Fisch gar ziehen lassen. Mit Zitronensaft, Salz und Pfeffer abschmecken. Mit Petersilie bestreut servieren.
Weißbrot als Beilage reichen.

5.3 Bitzschnelle Zucchinisuppe

Harntreibend, unterstützt das Wasserlassen. stärkt Magen-Darm-Funktion, erweitert Blutgefäße, bakterizid, beugt Krebs vor, beugt Krankheiten vor (bei älteren Menschen). Regt Leberfunktion an.
Kalorien p. Portion 41
Kochdauer ca. 10 min

Menge	Zutaten	
2-3 Stück	Zucchini	empfehlenswert
1 Stück	Zwiebel weiss	wenig
2 EL	Maiskeimöl	empfehlenswert
1 EL	Petersilie	ja
1 TL	Lauchzwiebel Schnittlauch	ja
1/2 Liter	Wasser	ja

Kochanleitung:
Gehackte Zwiebel in Öl andünsten. In Scheiben geschnittene Zucchini dazugeben und gut andünsten. Mit Wasser aufgießen. Petersilie und Schnittlauch grob hacken, hinzufügen und alles pürieren.

5.4 Blattsalat mit Frischkäse

Die Bitterstoffe besitzen eine galle- und harntreibende Wirkung und fördern die Durchblutung im Verdauungsbereich. Deutliche Verbesserung der gesamten Verdauungsfunktion.
Kalorien p. Portion 802
Kochdauer ca. 5 min.

Menge	Zutaten	
2 Portionen	Blattsalate (bitter)	empfehlenswert
150 g.	Frischkäse aus Soja	ja
1 Messerspitze	Senf	ja
1 Schuß	Zitrone Saft	wenig
1 Prise	Salz	wenig
1 Prise	Pfeffer (gemahlen)	ja
2 TL	Kräuter verschiedene	ja
1 Prise	Schwarzkümmel	ja
2 Scheiben	Vollkornbrot	empfehlenswert

Kochanleitung:
Blattsalat waschen und fein zupfen.
150 ml Frischkäse, Spritzer Senf, Spritzer Zitronensaft, 1 Zehe Knoblauch, gehackte frische Kräuter, Prise Pfeffer und zerstoßenem Schwarzkümmel verrühren und drüber gießen. Dazu Vollkornbrot servieren.

5.5 Brennnessel mit Mangold Suppe

Brennnessel fördert Wasserlassen, wirkt blutreinigend, entschlackend, reinigt die Nieren, unterstützend bei Prostatabeschwerden, hemmen die Bildung von Entzündungsstoffen, wirkt schmerzlindernd. Mangold Unterstützt die Darmtätigkeit, reinigt Darm.
Kalorien p. Portion 52
Kochdauer ca. 30 Min.

Menge	Zutaten	
1/2 Kg.	Mangold	ja
1 Prise	Salz	wenig
1/2 Liter	Wasser	ja
1 EL	Olivenöl	ja
1 Handvoll	Brennnessel	empfehlenswert
1 Prise	Pfeffer (gemahlen)	ja

Kochanleitung:
In einem Topf das Öl erhitzen, die gewaschenen und fein geschnittenen Mangold dazugeben. Salzen und 10 Min. köcheln lassen. Die gehackten Brennnesseln dazugeben und weitere 10 Min. kochen. Pfeffer dazugeben und pürieren.

5.6 Brokkolicrèmesuppe

Thrombose, Schilddrüsenfunktion, wirkt immun- und abwehrsteigernd, Aufbau und Erhalt von gesunden Knochen, Zähnen, Haaren und Nägeln. Reduziert Blutdruck, bakterizid, stärkt Immunsystem.
Kalorien p. Portion 98
Kochdauer ca. 30 min. (+Grundrezept)

Menge	Zutaten	
2-3 EL	Olivenöl	ja
500 g.	Brokkoli	empfehlenswert
2 Stück	Karotte (Mohrrübe, Möhre)	empfehlenswert
2 Stück	Kartoffel	ja
1 Stück	Zwiebel weiss	wenig
1 Tasse	Wasser	ja
1/2 Liter	Grundrezept für eine Gemüsebrühe nahrhaft	ja
1/8 Liter	Weißwein	wenig
1 TL	Salbei	ja
1 TL	Rosmarin	ja
1 Prise	Pfeffer (gemahlen)	ja
1 Prise	Salz	wenig

Kochanleitung:
Olivenöl in die Pfanne geben, den gewaschenen und in Stücke geschnittenen Brokkoli, gewürfelte Karotten und Kartoffel dazugeben, kurz andünsten, klein geschnittene Zwiebel dazugeben, mit Wasser auffüllen, soviel Wasser, dass das Gemüse mind. 3 Fingerbreit bedeckt ist. Mit Bouillon aufgießen, salzen, ganz wenig Weißwein dazugeben, geschnittener Salbei und Rosmarin dazugeben.
Aufkochen lassen und dann auf kleinem Feuer ca. 25 Minuten köcheln lassen. Mit Pfeffer würzen, evt. noch mit Meersalz nachwürzen. Die Suppe pürieren.

5.7 Brokkoli-Parmesan-Aufstrich auf Toastbrot

Appetitlosigkeit, immun- und abwehrsteigernd, Aufstoßen, Diabetes, akute oder chronische Verstopfung, löst Stagnation
Kalorien p. Portion 148
Kochdauer ca. 15 Min.

Menge	Zutaten	
200 g	Brokkoli	empfehlenswert
80 g.	Topfen 20%	empfehlenswert
1 EL	Joghurt (Natur, 1,5 % Fett)	empfehlenswert
2 EL	Parmesan	ja
1/2 TL	Zitrone Schale	wenig
1 EL	Basilikum (frisch)	ja

1 EL	Lauchzwiebel Schnittlauch ....ja
1 Prise	Salz.. wenig
1 Prise	Pfeffer (gemahlen) ....ja
6 Scheiben	Toastbrot (Vollkorn) ....ja

Kochanleitung:
Brokkoli zugedeckt in einem Siebeinsatz über Wasserdampf in 8
Minuten bissfest garen. Brokkoli fein hacken.
Topfen, Joghurt, Parmesan und Zitronenschale gut verrühren.
Käsecreme mit Brokkoli, Basilikum und Schnittlauch vermischen. Den
Aufstrich mit Salz und Pfeffer abschmecken. Auf dem knusprig
getoasteten Toastbrot servieren.

5.8 Bunte toskanische Bohnensuppe

Fördert Verdauung, hilft Fett zu verdauen, unterstützt das
Wasserlassen, reduziert Blutdruck, Harntreibend, beruhigt den Magen.
Kalorien p. Portion 249
Kochdauer ca. 2 Stunden

Menge	Zutaten	
50 g.	Nierenbohnen (rote)..ja
25 g.	Kichererbsen..ja
25 g.	Linsen (Helmbohnen) .... empfehlenswert
1 Stange	Sellerie Stangensellerie .... empfehlenswert
2 Stück	Tomate.. empfehlenswert
1/2 TL	Fenchelsamen gemahlen ....ja
1 Prise	Salz.. wenig
1 Prise	Pfeffer (gemahlen) ....ja
1 Zehe	Knoblauch...ja
3 EL	Olivenöl...ja
600 ml.	Wasser..ja
5-7 Blätter	Basilikum (frisch) ....ja

Kochanleitung:
Hülsenfrüchte einweichen, kochen und pürieren. Gemüse, Gewürze,
Kräuter und Öl zugeben und alles 2 Stunden sanft garen.
Variante: Esskastanien (Maronen) geben dem Gericht noch eine
speziell italienische Note.

5.9 Champignonreis

Stärkt Niere, Harntreibend, erwärmt den Körper von innen, erweitert die
Gefäße, stärkt die Muskeln, fördert die Verdauung und kuriert
Bluthochdruck, löst Stagnation, fördert Gewichtsabnahme,
Abwehrschwäche, Appetitlosigkeit
Kalorien p. Portion 410

Kochdauer ca. 30 Min. (+Grundrezept)

Menge	Zutaten
1 Stück	Zwiebel weiss .... wenig
2 Stück	Lorbeerblatt.. ja
2 Stück	Nelke... ja
400 g.	Grundrezept für eine Gemüsebrühe nahrhaft............ja
200 g	Reis Vollkorn................................... empfehlenswert
60 g.	Champignon .... ja
20 g.	Petersilie.. ja
1 Prise	Pfeffer (gemahlen) .... ja

Kochanleitung:
Die Nelken in die Zwiebel stecken. Die Gemüsebrühe mit der Zwiebel und den Lorbeerblättern zum Kochen bringen. Den Reis in die kochende Flüssigkeit geben, Temperatur auf die kleinste Stufe zurückschalten und mit geschlossenem Deckel 20-25 Minuten garziehen.
In der Zwischenzeit die Champignons waschen, putzen, in Scheiben schneiden, mit wenig Wasser kurz andünsten oder anbraten. Die Petersilie waschen und fein hacken.
Aus dem fertigen Reis die Zwiebel herausnehmen, die Champignons und die Petersilie hinzugeben, mit Pfeffer abschmecken.

5.10 Couscous-Salat

Bakterizid, beugt Krebs vor, stärkt Magensaftproduktion, fördert Verdauung, regt Leberfunktion an, reduziert Blutdruck, bakterizid, stärkt Immunsystem, beugt Krebs vor, reduziert Strahlenverletzungen, Harntreibend.
Kalorien p. Portion 338
Kochdauer ca. 25 Min.

Menge	Zutaten
250 ml.	Wasser.. ja
1 EL	Olivenöl... ja
200 g	Couscous.. ja
3 EL	Zitrone Saft .... wenig
1 TL	Zitrone Schale... wenig
2 Stück	Tomate.. empfehlenswert
100 g.	Gurke .... empfehlenswert
100 g.	Karotte (Mohrrübe, Möhre) .... empfehlenswert
1 Bund	Petersilie.. ja
1 Bund	Lauchzwiebel Schnittlauch .... ja
3 Äste	Pfefferminze... ja

Kochanleitung:
In einem kleinen Topf 250 ml. Wasser mit Salz und 1 EL Olivenöl zum Kochen bringen. Couscous untermischen, vorn Herd nehmen und zugedeckt 5 Minuten quellen lassen. Couscous zurück auf den Herd geben und bei milder Hitze noch ca. 2 Minuten unter ständigem leichtem Rühren ziehen lassen. Eventuell noch 1- 3 EL heißes Wasser untermischen.

Couscous mit Zitronensaft, kleingehackter Zitronenschale und 1 EL Öl vermischen, mit Salz und Pfeffer abschmecken und etwas durchziehen lassen.

Couscous mit Tomaten, Gurke, Petersilie (alle würfelig geschnitten), Karotten (gerieben), Schnittlauch und Minze (fein gehackt) vermischen. Couscous-Salat mit Zitronensaft, Salz und Pfeffer abschmecken.

5.11 Dal - scharf gewürzte Linsen

Stärken Herz und Niere, Harntreibend, beruhigt den Magen, fördert Verdauung. Stärkt Magen-Darm-Funktion, erweitert Blutgefäße, bakterizid, beugt Krebs vor, beugt Krankheiten vor (bei älteren Menschen).
Kalorien p. Portion 323
Kochdauer ca. 45 Min. (+1-2 Stunden Einweichen)

Menge	Zutaten	
250 g.	Linsen gelb	ja
2 Stück	Zwiebel weiss	wenig
1 Stk.	Ingwer frisch (Daumengroß)	ja
2-3 Zehen	Knoblauch	ja
3-4 EL	Butterschmalz	wenig
3-4 TL	Curry	ja
1 TL	Garam Masala Pulver	ja
1 EL	Schwein Fett	ja
1 Prise	Salz	wenig

Kochanleitung:
Die Linsen sorgfältig waschen und mindestens 1/2 Stunde vor Beginn des Kochens einweichen (ungeschälte ganze Linsen sollten 1 oder besser 2 Stunden einweichen, bei den halbierten kann die Zeit deutlich kürzer sein). Zwiebeln schälen und fein würfeln, ebenso die Knoblauchzehen. Den Ingwer schälen, und entweder sehr fein hacken oder, besser und einfacher, auf einer feinen Reibe zerreiben.

Ghee (nicht zu sparsam sein!) in einem sehr heißen Topf schmelzen lassen, dann die Zwiebelwürfel dazu geben und unter Rühren 2 Minuten anbraten. Dann die Temperatur etwas reduzieren und weiterbraten, bis die Zwiebeln goldbraun sind. Dann den Knoblauch dazu geben, und nach einer weiteren Minute den Ingwer. Temperatur noch eine halbe Stufe reduzieren und 1-2 Minuten unter Rühren weiterbraten. Dann das Currypulver dazugeben und ca. 1-2 Minuten im heißen Fett anschmoren lassen. Das Garam Masala ebenfalls dazugeben und kurz mitschmoren lassen. Sollten die Gewürze am Topfboden ansetzen, kann man sie mit sehr wenig Wasser wieder lösen.

Die Hälfte der Zwiebel-Gewürzmischung aus dem Topf nehmen und beiseite stellen. Hitze wieder erhöhen, und die eingeweichten Linsen (ohne das Einweichwasser) dazugeben und 2-3 Minuten unter Rühren anbraten. Dann mit Wasser aufgießen, bis die Linsen gerade mit Flüssigkeit bedeckt sind (so ca. 750 ml). Wenn das Wasser kocht, die Hitze reduzieren und die Linsen langsam köcheln lassen, bis sie weich sind. Gelegentlich umrühren, und bei Bedarf etwas Wasser nachgießen. Das Kochen dauert je nach Linsensorte und Einweichzeit 30-70 Minuten.
Wenn die Linsen weich sind, den Rest der Zwiebel-Mischung wieder unterrühren und mit nicht zu wenig Salz abschmecken. Das ganze noch mindestens 10 Minuten durchziehen lassen. Dann mit Reis oder Fladenbrot servieren.

5.12 Eintopf mit Süßkartoffel und Lauch

Stärkt Muskeln, Sehnen und Knochen, reduziert Blutdruck, bakterizid, stärkt Immunsystem, baut Fett ab, verbessert die Verdauung. Fördert Schwitzen, löst Stagnation, fördert Appetit und Verdauung.
Kalorien p. Portion 316
Kochdauer ca. 30 min. (+Grundrezept)

Menge	Zutaten	
200 g.	Süßkartoffel	ja
50 g.	Lauch (Porree)	ja
2-3 EL	Butter Bio	ja
1 Prise	Muskatnuss	ja
1/2 Liter	Grundrezept für eine Rinderbrühe (klar)	ja
1 Prise	Salz	wenig
1 Prise	Curcuma (Gelbwurz)	ja
1 Prise frische	Kräuter verschiedene	ja
1 Prise	Schwarzkümmel	ja

Kochanleitung:
Kartoffeln schälen, in grobe Würfel schneiden und in Salzwasser nicht zu weich kochen, abgießen. Butte in einem Topf erhitzen und den Lauch anschwitzen. Mit der Suppe aufgießen und den Lauch und die

Süßkartoffel hinzugeben. Mit Muskatnuss, Kurkuma, frischen Kräutern, zerstoßenem Schwarzkümmel und Salz würzen.

5.13 Erfrischende Gurkensuppe mit Kartoffeln

Harntreibend, entgiftet, unterdrückt Umwandlung von Zucker in Fett, senkt Cholesterinspiegel, beugt Krebs vor, lindert Entzündungen, verbessert Verdauung, senkt Cholesterinspiegel, löst Stagnation, fördert Durchblutung, fördert Appetit, löst Stagnation
Kalorien p. Portion 148
Kochdauer ca. 15 Min

Menge	Zutaten	
1 EL	Sesamöl	empfehlenswert
4 Stück	Kartoffel	ja
3 Stück	Zwiebel Frühlingszwiebel	wenig
1 Prise	Pfeffer (gemahlen)	ja
1 Prise	Muskatnuss	ja
1 Prise	Salz	wenig
1/2 Stück	Zitrone	wenig
2 Stück	Gurke	empfehlenswert
1 EL	Sahne, süß 30%	wenig
1 EL	Dill	ja

Kochanleitung:
In einem heißen Topf Sesamöl, kleingeschnittene Kartoffeln, reichlich Frühlingszwiebeln anbraten; Pfeffer, etwas Muskat, Salz, Zitronensaft, heißes Wasser, gewürfelte Salatgurke dazugeben; etwa 10 Minuten dünsten und danach pürieren; etwas süße Sahne nach Belieben, frischen Dill zufügen.
Variante: Etwas Chili, Oregano, Thymian oder Rosmarin dazugeben, um die abkühlende Wirkung zu mildern.

5.14 Fein gewürzte Zucchini mit Tomaten

Harntreibend, fördert Verdauung, hilft Fett zu verdauen, reduziert Blutdruck, löst Stagnation, antioxidativ.
Kalorien p. Portion 203
Kochdauer ca. 10 Min.

Menge	Zutaten	
1 EL	Olivenöl	ja
2 Stück	Zwiebel weiss	wenig
4 Stück	Zucchini	empfehlenswert
1 Prise	Oregano getrocknet	ja
6-8 Blatt	Basilikum (frisch)	ja
1 Prise	Salz	wenig

2 Stück	Tomate... empfehlenswert
1 Tasse	Reis Vollkorn.................................... empfehlenswert
6 Tassen	Wasser.. ja
1 Prise	Salz.. wenig

Kochanleitung:

In einer heißen Pfanne Olivenöl, fein geschnittene Zwiebeln, kleingeschnittene Zucchini anbraten, bis sie halb gar sind; reichlich getrockneten Oregano dazugeben; Salz, kleingeschnittene Tomaten einige Minuten mitdünsten, bis die Zucchini gar, aber noch knackig sind; frisches Basilikum nach Belieben darübergeben.

Variante: Über die Tomaten etwas Schafskäse geben und bei geschlossenem Deckel zu Ende garen.

Den Reis im gesalzenen Wasser zustellen, aufkochen lassen und bei kleiner Hitze ca. 15 Min. Quellen lassen.

5.15 Feiner russischer Borschtsch

Stärkt Milz und Magen; stärkt das Herz, unterstützen die Blutzirkulation, regt Verdauung an, reduziert Blutdruck, stärkt Immunsystem. Zur Kräftigung nach Krankheiten. Gegen Blähungen, krampflösend bei Magen-Darm-Beschwerden.

Kalorien p. Portion 171

Kochdauer ca. 30 Min (+Grundrezept)

Menge	Zutaten
200 g.	Rote Rübe... empfehlenswert
1 EL	Sonnenblumenöl.. ja
2 Stück	Zwiebel Schalotte .... wenig
2 Stück	Karotte (Mohrrübe, Möhre) .... empfehlenswert
1 Stück	Sellerie Knolle................................... empfehlenswert
1 Stück	Petersilienwurzel... ja
5 dag.	Lauch (Porree)... ja
3/4 Liter	Grundrezept für eine Gemüsebrühe nahrhaft........... ja
1 Blatt	Lorbeerblatt... ja
2 Stück	Wacholderbeere .... empfehlenswert
1 Prise	Muskatnuss.. ja
200 g.	Wirsing/Grünkohl .... empfehlenswert
1 Prise	Salz... wenig
1 Prise	Pfeffer (gemahlen) .... ja
1 Prise	Kümmel.. ja
1/8 Liter	Rotwein... wenig
1 EL	Sauerrahm 15% Fett.. ja
1 TL	Dill... ja
6 Scheiben	Weißbrot (Weizenbrot)................................... wenig

Kochanleitung:
Einige Rote Bete in Öl andünsten. In einem anderen Topf Zwiebeln, Karotten, Sellerie, Petersilienwurzel und Lauch gut anbraten. Mit der Brühe und dem Wein aufgießen; dann Lorbeer, Wacholderbeeren und Muskat zugeben und 15 Minuten köcheln lassen. Lorbeer entfernen und alles pürieren.
Mehr Brühe separat erhitzen, die angedünstete Roten Bete darin weich köcheln. Nach der halben Garzeit Wirsing oder Weißkohl zugeben und sanft ziehen lassen. Am Ende die pürierten Gemüse zugeben und alles mit Salz, Pfeffer, gemahlenem Kümmel und eventuell etwas Rotwein abschmecken. Im Teller mit etwas Sauerrahm und fein gehacktem Dill garnieren. Mit je einer Scheibe Weißbrot servieren.

5.16 Fenchel-Kartoffel-Auflauf

Lindert Entzündungen, verbessert Durchblutung, verbessert Verdauung, unterstützt das Wasserlassen, senkt Cholesterinspiegel, Appetitlosigkeit, Blähungen, Darmentzündungen, Sodbrennen, stärkt Magensaftproduktion, fördert Verdauung und Durchblutung,
Kalorien p. Portion 137
Kochdauer ca. 1 Stunde

Menge	Zutaten	
200 g.	Fenchel	empfehlenswert
125 g.	Kartoffel	ja
100 ml.	Wasser	ja
1 TL	Butter Bio	ja
2 TL	Reismehl	ja
1 TL	Sahne sauer 10%	ja
1 Prise	Salz	wenig
1 Prise	Zucker Ursüße (Zuckerrohr) süß	wenig
1 Stück	Huhn Eigelb	wenig
1 Prise	Pfeffer Cayenne	ja
1 Prise	Muskatnuss	ja
1 TL	Petersilie	ja
1 TL	Lauchzwiebel Schnittlauch	ja
1 TL	Parmesan	ja
1 TL	Butter Bio	ja

Kochanleitung:
Pellkartoffeln kochen, abkühlen lassen und schälen. Fenchel waschen, Stiele abschneiden und evtl. äußere Blätter entfernen.
Fenchelgrün zurückhalten und später mit den anderen Kräutern zur Soße geben. Fenchelknollen ca. 15 – 20 Minuten dünsten. Danach Kartoffeln und Fenchel in Scheiben schneiden und schichtweise in eine

gefettete Auflaufform geben.100ml. Flüssigkeit aus Fenchelbrühe zum Kochen bringen und mit Mehl binden. Mit Meersalz, Cayennepfeffer, Zucker, Muskat und saurer Sahne abschmecken. Abkühlen lassen und mit Eigelb legieren. Die Soße über den Auflauf verteilen, mit Parmesan und fein gehackter Petersilie und Schnittlauch bestreuen. Alles bei ca. 200° C im Backofen eine halbe Stunde überbacken.

5.17 Fischsuppe mit Rosmarin

Stärkt Milz und Leber, reduziert Blutdruck, bakterizid, stärkt Immunsystem, beugt Krebs vor, reduziert Strahlenverletzungen, Cholesterinarm und eiweißreich, fördert Durchblutung, regt Appetit an. Antioxidativ, stärkt Magen, löst Stagnation.
Kalorien p. Portion 271
Kochdauer ca. 30 Min. (+Grundrezept)

Menge	Zutaten	
1/2 Liter	Grundrezept für eine Fischbrühe	ja
1/2 Bund	Rosmarin	ja
1 Stück	Zwiebel Frühlingszwiebel	wenig
2 EL	Olivenöl	ja
250 g.	Fischstücke gemischt (Süßwasser)	empfehlenswert
1 Stück	Karotte (Mohrrübe, Möhre)	empfehlenswert
1 Stück	Pastinake	ja
1 Scheibe	Sellerie Knolle	empfehlenswert
1 Prise	Salz	wenig
2 Stück	Pfeffer Körner	ja
1 Zehe	Knoblauch	ja

Kochanleitung:
Die Zwiebel und Knoblauch in dem Öl glasig braten. Mit Fischbrühe aufgießen. Gewürfelte Karotte, Pastinaken und Sellerie hinzugeben. Mit Salz und Pfefferkörnern würzen. Die Suppe 25 Min. bei schwacher Hitze köcheln lassen.
Den Fisch waschen, mit Zitronensaft beträufeln, in Stücke teilen und mit dem abgezupften Rosmarin in die Suppe geben. Alles 5 Min. bei schwacher Hitze garen.
Schnittlauch und Petersilie dazugeben und die Suppe mit dem Salz abschmecken.

5.18 Fischsuppe mit Weißwein, Lorbeer und Majoran

Kräftigt Nieren; nährt Blut und Säfte; fördert das Wasserlassen, stärkt Milz und Leber, reduziert Blutdruck. Fördert Durchblutung, verbessert Medikamentenwirkung, regt Appetit an, Reduziert Blutdruck, bakterizid.

Kalorien p. Portion 199
Kochdauer ca. 45 Min. (+Grundrezept)

Menge	Zutaten	
2 Stück	Zwiebel Frühlingszwiebel	wenig
1 Zehe	Knoblauch	ja
1/2 Liter	Grundrezept für eine Fischbrühe	ja
1 Stück	Karotte (Mohrrübe, Möhre)	empfehlenswert
1 Stück	Pastinake	ja
1 Scheibe	Sellerie Knolle	empfehlenswert
1 Prise	Salz	wenig
2 Stück	Pfeffer Körner	ja
1/4 Stück	Zitrone	wenig
1/8 Liter	Weißwein	wenig
2 Blätter	Lorbeerblatt	ja
1 TL	Rosmarin	ja
1 TL (gehackt)	Lauchzwiebel Schnittlauch	ja
1 TL Gehackt	Petersilie	ja

Kochanleitung:
Die Zwiebel und Knoblauch in dem Öl glasig braten. Mit Fischbrühe aufgießen. Gewürfelte Karotte, Pastinake und Sellerie hinzugeben. Mit Salz und Pfefferkörnern würzen. Die Suppe 25 Min. bei schwacher Hitze köcheln lassen.
Den Fisch waschen, mit Zitronensaft beträufeln, in Stücke teilen und mit dem Wein, den Lorbeerblättern und dem Majoran in die Suppe geben. Alles 5 Min. bei schwacher Hitze garen.
Schnittlauch und Petersilie dazugeben und die Suppe mit dem Salz abschmecken.

5.19 Frischkäseersatz

Gut bei Laktoseintoleranz.
Stärkt Körperenergie, fördert Verdauung. Fördert Gewichtsabnahme, Abwehrschwäche, Appetitlosigkeit, Arteriosklerose, Blähungen, Blasenschwäche, Blutarmut, Bluthochdruck, Depressionen, Diabetes, Durchfall
Kalorien p. Portion 526
Kochdauer ca. 20 Min.

Menge	Zutaten	
1 Liter	Sojabohnenmilch	ja
1 Stück	Zitrone	wenig
2 EL	Kräuter verschiedene	ja
6 Scheiben	Vollkornbrot	empfehlenswert

Kochanleitung:
Sojamilch in einen Topf geben und unter gelegentlichem Rühren (brennt leicht an!) zum Kochen bringen, abkühlen lassen.
Zitrone auspressen und leicht unter die abgekühlte Sojamilch (ca. 80°C) rühren, ca. 20 min. ruhen bzw. gerinnen lassen.
Geronnene Sojamilch durch ein mit dem Geschirrtuch ausgelegtes Sieb schütten, Flüssigkeit ablaufen lassen und danach Restflüssigkeit mit dem Geschirrtuch auspressen.
Nach Geschmack mit frischen Kräutern verfeinern.
Dazu Vollkornbrot servieren.

5.20 Frühlingssalat

Blutbildend, blutreinigend, harntreibend, Magenbeschwerden, Verdauungsschwäche, Verstopfung, Durchfall, hilft Fett zu verdauen, unterstützt das Wasserlassen, reduziert Blutdruck, entgiftet, lindert Entzündungen, Harntreibend.
Kalorien p. Portion 162
Kochdauer ca. 10 Min.

Menge	Zutaten	
150 g.	Sauerampfer	ja
100 g.	Löwenzahn (junger)	ja
75 g.	Mungobohnensprossen	ja
100 g.	Kresse	ja
1 Bund	Lauchzwiebel Schnittlauch	ja
2 Stück	Tomate	empfehlenswert
1 Bund	Petersilie	ja
2 EL	Sesam Paste (Tahini)	ja
1 Schuß	Sojasauce	ja
1/2 TL	Senf	ja
6 Scheiben	Weißbrot (Weizenbrot)	wenig

Kochanleitung:
Alle Salatzutaten waschen, mischen und die Sauce folgendermaßen zubereiten:
Tahin mit Senf und Balsamikoessig, mit Tamari, Olivenöl, Schnittlauch und der Hälfte der Petersilie mischen. Die Sauce über den Salat gießen und unmittelbar vor dem Servieren die restliche Petersilie drüberstreuen.
Mit dem Weißbrot servieren.

5.21 Gebratener Spargel mit Rucola

Fördert Gewichtsabnahme, Abwehrschwäche, Appetitlosigkeit, Bluthochdruck, Depressionen, Diabetes.
Kalorien p. Portion 148
Kochdauer ca. 15 Min.

Menge	Zutaten	
1 EL	Butter Bio	ja
500 g.	Spargel (grün oder weiß)	empfehlenswert
1 Prise	Pfeffer (gemahlen)	ja
1 Prise	Salz	wenig
1/4 Stück	Zitrone	wenig
2 Handvoll	Rucola (Rauke)	empfehlenswert
300 g.	Kartoffel	ja

Kochanleitung:
In einer heißen Pfanne ein Stück Butter schmelzen; geschälten Spargel in 3- 4 cm große Stücke geschnitten etwa 10 Minuten sanft braten, bis er gar, aber noch knackig ist; mit frisch gemahlenem Pfeffer, Salz bestreuen; einige Spritzer Zitronensaft oder fein geriebene Zitronenschale, fein zerrupfte Rucolablätter untermengen.
Kartoffel im reichlich gesalzenem Wasser kochen, dann schälen.

5.22 Gegrillte Lachssteaks mit Blumenkohl und Kartoffeln

Verbessert Verdauung, regeneriert Haut, unterstützt das Wasserlassen, senkt Cholesterinspiegel. Unterstützt die Verdauung.
Kalorien p. Portion 329
Kochdauer ca. 30 Min.

Menge	Zutaten	
1 Zehe	Knoblauch	ja
1/2 Stück	Zwiebel Schalotte	wenig
1 Spritzer	Zitrone Saft	wenig
1 Prise	Salz	wenig
1 Stück	Blumenkohl (Karfiol)	empfehlenswert
2 EL	Olivenöl	ja
1 Zehe	Knoblauch	ja
1/4 Tasse	Wasser	ja
3 EL	Petersilie	ja
500 g.	Kartoffel	ja
1 Prise	Salz	wenig
4 Stück	Lachs (Steaks)	empfehlenswert
1/2 Stück	Zitrone	wenig

Kochanleitung:
Knoblauch-Schalotten-Mischung: Knoblauch fein quetschen, Schalotten fein hacken, einen Spritzer Zitronensaft und Salz dazugeben und verrühren. Mit wenig Öl zu einer Paste verrühren.

Blumenkohl: Den Blumenkohl in halbwegs gleichmäßige Stücke klein schneiden. In einem schweren Topf das Öl erhitzen und den zerdrückten Knoblauch kurz anbraten. Die Blumenkohlstücke hineingeben und im Öl wenden. Etwas Wasser zugießen und so lange kochen, bis der Blumenkohl bissfest ist. Den Blumenkohl abseihen und das restliche Wasser einkochen, bis eine dicke Sauce übrigbleibt. Den Blumenkohl wieder dazugeben und mit einem Holzlöffel grob zerdrücken. Die gehackte Petersilie und Salz hinzugeben.
Kartoffeln: In einem Topf mit viel Wasser die Kartoffel weich kochen, abseihen und schälen.
Lachssteak: Den Backofen bei ca. 180 Grad vorheizen. Die Lachsscheiben mit der Knoblauch-Scharlotten-Mischung, einreiben und so dicht wie möglich an der Wärmequelle jeweils 4 bis 8 Minuten von beiden Seiten grillen. Sie sind fertig, wenn sich beim Einstechen mit einer Gabel das Fleisch leicht teilen lässt.
Anrichten und mit Zitronenscheiben und der gehackten Petersilie bestreuen.

5.23 Gegrillte Tomaten mit Käsefüllung

Fördert Verdauung, hilft Fett zu verdauen, unterstützt das Wasserlassen, reduziert Blutdruck, regt Verdauung an.
Kalorien p. Portion 469
Kochdauer ca. 30 Min.

Menge	Zutaten	
8 Stück	Tomate	empfehlenswert
75 g.	Schafskäse	ja
75 g.	Frischkäse	ja
1 Stück	Huhn Ei	ja
1 EL	Olivenöl	ja
1 EL	Basilikum (frisch)	ja
1 Prise	Salz	wenig
1 Prise	Pfeffer (gemahlen)	ja
30 g.	Oliven	ja
10 dag.	Rucola (Rauke)	empfehlenswert
4 Scheiben	Weißbrot (Weizenbrot)	wenig

Kochanleitung:
Tomaten großzügig aushöhlen. In eine Auflaufform setzen.
Käse, Olivenöl, Ei, gehackter Basilikum und Mehl verrühren. Mit Salz
und Pfeffer würzen und in die Tomaten füllen.
Im vorgeheizten Ofen bei 210 Grad auf der mittleren Schiene 15 Min.
backen, dann den Backofengrill zuschalten und weitere 3 Min.
übergrillen (ohne Umluft).
Die Oliven entsteinen und hacken und auf die Tomaten streuen.
Tomaten mit Rucola garnieren und mit Weißbrot servieren.

5.24 Gegrillter Tofu mit Reisnudeln, Spinat und Zuckerschoten

Lindert Blähungen. Unterstützt das Wasserlassen, entgiftet.
Durchblutungsstörungen. Stärkt Magen-Darm-Funktion, erweitert
Blutgefäße, regt Appetit an.
Fördert Ausscheidung, fördert Durchblutung.
Kalorien p. Portion 327
Kochdauer ca. 30 Min.

Menge	Zutaten	
85 ml	Sake	ja
1 EL	Zucker Ursüße (Zuckerrohr) süß	wenig
5 Zehen	Knoblauch	ja
3 Stück	Zwiebel Frühlingszwiebel	wenig
3 cm.	Ingwer frisch	ja
2 EL	Rapsöl	empfehlenswert
2 Handvoll	Spinat	ja
450 g.	Erbse, grün	ja
1 EL	Wasser	ja
1 Paket	Reisnudeln	ja
1 Liter	Wasser	ja
1 EL	Basilikum	ja
500 g.	Soja Tofu	ja

Kochanleitung:
Für die Marinade: Tamari-Sauce, Reiswein, Zucker, zerdrückten
Knoblauch, Frühlingszwiebel, geriebenen Ingwer, gehackten Basilikum
und das Rapsöl in einer mittelgroßen Schüssel miteinander vermengen.
Den Tofu hineingeben und mindestens 1 Stunde in der Marinade
liegenlassen.
Die Zuckerschoten in einer Pfanne zugedeckt mit wenig Wasser 5 min.
leicht dünsten, den Spinat dazugeben und nochmals 3 min.
weiterdünsten.
Die Reisnudeln nach Herstellerangaben kochen, abtropfen lassen, mit

warmen Wasser nochmals abspülen und abtropfen lassen.
Den Grill oder Backofengrill vorheizen, den Tofu von beiden Seiten
jeweils 5 Minuten grillen und beiseite stellen.
Die Nudeln auf den Tellern anrichten, das Gemüse rundherum aufteilen
und den Tofu über die Nudeln legen. Mit der Marinade übergießen.

5.25 Gelbe Linsensuppe

Stärken Herz und Niere, Harntreibend, fördert Verdauung, stärkt
Immunsystem, regt Leberfunktion an, antioxidativ.
Kalorien p. Portion 155
Kochdauer ca. 20 min.

Menge	Zutaten	
1/2 Kg.	Linsen gelb	ja
2 Stück	Karotte (Mohrrübe, Möhre)	empfehlenswert
1 Stück	Kohlrabi	empfehlenswert
1 Stück	Zwiebel weiss	wenig
1/2 Bund	Petersilie	ja
1 Prise	Kurkuma (Gelbwurz)	ja
1 Prise	Kardamom	ja
1 Prise	Salz	wenig
1 EL	Olivenöl	ja
1 Liter	Wasser	ja
1/2 Stück	Zitrone Saft	wenig
7 Scheiben	Weißbrot (Weizenbrot)	wenig

Kochanleitung:
Linsen gut in einem Sieb waschen. In einem Topf Öl erhitzen. Fein
geschnittene Zwiebel, in Scheiben geschnittene Karotten, in Würfel
geschnittenen Kohlrabi und Gewürze kurz anbraten und salzen. Linsen
dazu geben und mit Wasser bedecken und 20 Min köcheln lassen.
Nach Bedarf Wasser dazu geben und mit Salz abschmecken. Mit
frischer Petersilie oder frischem grünen Koriander bestreuen und mit
Zitronensaft beträufeln.
Hier kann man auch rote Linsen verwenden. (gleiche Kochzeit).
Mit Weißbrot servieren.

5.26 Gemüse-Miso-Suppe mit Tofu

Sehr kräftigend, stärkt nach fiebriger Erkrankung, reduziert Blutdruck,
stärkt Immunsystem, beugt Krebs vor, reduziert Strahlenverletzungen,
fördert Durchblutung, stärkt Leber und Niere, entgiftet, stärkt Muskeln,
lindert Blähungen, stärkt Magen.
Kalorien p. Portion 106
Kochdauer ca. 15 Min.

Menge	Zutaten	
2 EL	Sesamöl	empfehlenswert
1 Stück	Zwiebel Schalotte	wenig
1 Stück	Karotte (Mohrrübe, Möhre)	empfehlenswert
5 cm	Lauch (Porree)	ja
3/4 Liter	Wasser	ja
2 EL	Endiviensalat	ja
2 EL	Soja Tofu	ja
1/2 TL	Ingwer frisch	ja
2 EL	Miso	ja

Kochanleitung:
In Sesamöl erst Zwiebeln, dann Karotten und etwas Lauch dünsten; Wasser aufgießen und mild köcheln; Sojasprossen und Endivienblätter zugeben und ziehen lassen; Tofuwürfel, etwas Ingwer hineingeben; am Schluss in etwas abgekühltem Kochwasser gelöstes Miso einrühren.

5.27 Gemüsenudeln mit Tomatensugo

Schont die Verdauungsorgane. entgiftend, Appetitlosigkeit, Blähungen, Darmentzündungen, Fettsucht, Gicht, Magengeschwüre, Magenkrämpfe, Rheuma, Sodbrennen, Zwölffingerdarmgeschwüre, fördert Verdauung, hilft Fett zu verdauen.
Kalorien p. Portion 561
Kochdauer ca. 45 Min.

Menge	Zutaten	
125 g.	Tomate	empfehlenswert
1 Stück	Karotte (Mohrrübe, Möhre)	empfehlenswert
1 Stück	Zucchini	empfehlenswert
1 EL	Olivenöl	ja
1 Stück	Zwiebel Schalotte	wenig
1 Prise	Oregano getrocknet	ja
1 Prise	Salz	wenig
1 Prise	Pfeffer (gemahlen)	ja
200 g.	Nudeln (Weizen) mit Ei	ja
1 EL	Olivenöl	ja
2 EL	Creme fraiche	ja

Kochanleitung:
Tomaten mit wenig Wasser kochen, abgießen und den Saft auffangen, Tomaten in Stücke schneiden.
Zucchini und Karotte grob raspeln. Olivenöl in einem beschichteten Topf erhitzen. Schalotten darin sehr weich dünsten. Tomaten dazugeben, mit Oregano, Salz und Pfeffer würzen. Tomaten zu einer dicken Soße einköcheln.

Reichlich Salzwasser zum Kochen bringen, die Vollkornnudeln darin bissfest kochen. In der Garzeit der Nudeln in einer beschichteten Pfanne mit Olivenöl erhitzen. Karotten darin unter Rühren braten, leicht salzen. Zucchini dazugeben, unter Rühren kurz anbraten. Die Gemüse sollen weich mit Biss sein.
Nudeln abgießen, abtropfen lassen, mit Creme fraiche vermischen, mit Salz und Pfeffer abschmecken. Mit der Tomatensauce garnieren.

5.28 Gemüsetopf mit Provenzalischer Pistou

Stärkt Milz und Leber, reduziert Blutdruck, bakterizid, stärkt Immunsystem, beugt Krebs vor, reduziert Strahlenverletzungen, stärkt Magen, löst Stagnation. Lindert Verstopfung, produziert Muttermilch.
Kalorien p. Portion 137
Kochdauer ca. 1 1/2 Stunden (+Grundrezept)

Menge	Zutaten	
200 g.	Tomate	empfehlenswert
2 EL	Olivenöl	ja
1 Zehe	Knoblauch	ja
30 g.	Parmesan	ja
1 Scheibe	Toastbrot (Vollkorn)	ja
1 Bund	Basilikum (frisch)	ja
1 Prise	Salz	wenig
1 Prise	Pfeffer (gemahlen)	ja
1 TL	Oregano getrocknet	ja
1 1/4 Liter	Grundrezept für eine Gemüsebrühe nahrhaft	ja
150 g.	Karotte (Mohrrübe, Möhre)	empfehlenswert
100 g.	Sellerie Knolle	empfehlenswert
200 g.	Brokkoli	empfehlenswert
1 Stück	Fenchel	empfehlenswert
1/2 TL	Thymian getrocknet	ja
1/2 TL	Oregano getrocknet	ja
1 Stück	Lorbeerblatt	ja
50 g.	Erbse, grün	ja
4 Stück	Zwiebel Frühlingszwiebel	wenig
100 g.	Kartoffel	ja

Kochanleitung:
Soße
Tomaten, abziehen und in kleine Stücke schneiden. Olivenöl, fein gehackte Knoblauchzehe in einem Topf ein wenig einkochen. 1 Scheibe trockenes Toastbrot (zerkrümelt), frischer fein geriebener Parmesan, fein geschnittener Basilikum, Oregano, Salz und Pfeffer dazugeben.

Suppe
Gemüsebrühe nach Grundrezept zum kochen bringen, in grobe
Scheiben geschnittenen Karotten, würfelig geschnittenen Sellerie,
würfelig geschnittene Kartoffel, kleine Röschen Brokkoli,
kleingeschnittene Fenchelknolle, Erbsen, Thymian, Oregano und das
Lorbeerblatt hinzufügen und 10 min. kochen lassen.
4 Frühlingszwiebeln in dünne Ringe schneiden und weitere 2 min.
kochen.

Soße in eine Suppenschüssel geben. Zuerst nur einige Esslöffel.
Kochend heiße Brühe damit verrühren, dann die Suppe nach und nach
unterrühren.

5.29 Gemüsetopf mit Tofu und Curry auf Naturreis

Harntreibend, reduziert Blutzucker. Lindert Blähungen, Unterstützt die
Verdauung. Enthält ideale pflanzliche Schleimstoffe, die zur
Regeneration der Dünn- und Dickdarmflora wertvolle Dienste leisten.
Reduziert Blutdruck, bakterizid, stärkt Immunsystem.
Kalorien p. Portion 162
Kochdauer ca. 30 Min.

Menge	Zutaten	
2 EL	Olivenöl	ja
2 Zehen	Knoblauch	ja
1 Stück	Zwiebel weiss	wenig
2 EL	Curry	ja
1/2 Liter	Wasser	ja
2 Stück	Speiserüben	empfehlenswert
1 Stück	Kürbis	ja
1 Stück	Karotte (Mohrrübe, Möhre)	empfehlenswert
1 Stück	Pastinake	ja
1 Stück	Kartoffel	ja
1 Stück	Süßkartoffel	ja
1/4 Stück	Blumenkohl (Karfiol)	empfehlenswert
1/2 Stück	Brokkoli	empfehlenswert
12 Stück	Okra	ja
1 Stück	Soja Tofu	ja
3 EL	Basilikum	ja
1 Prise	Salz	wenig

Kochanleitung:
In einer großen, schweren Kasserolle das Öl bei mittlerer Temperatur
erhitzen, Knoblauch und Zwiebel hineingeben und unter ständigem
Rühren anschwitzen. Currypulver nach Geschmack drüberstreuen,

etwa 5 Minuten behutsam mitbraten und darauf achten, dass der Knoblauch und Curry nicht anbrennen. Das Wasser zugießen und zum Kochen bringen. Nach und nach sämtliche Gemüse schälen, würfeln und hineingeben, und dabei mit den Sorten beginnen, die die längste Garzeit benötigen. Sobald das Wasser erneut kocht zudecken, die Wärmezufuhr drosseln und das Gemüse etwa 15 Minuten köcheln lassen. Wenn es fast weich ist. Blumenkohl- und Brokkoliröschen und die Okra dazugeben und den Eintopf weitere 10 bis 15 Minuten garen. Während der letzten 5 Minuten den Tofu hineingeben und durchwärmen.

Gleichzeitig den Naturreis kochen: In einem mittleren Kochtopf mit Wasser den Reis einstreuen, salzen und zugedeckt ca. 20 min. auf kleiner Flamme kochen. Vom Feuer nehmen und weitere 10 min. ziehen lassen.

Den Eintopf über den Naturreis anrichten und mit Basilikum bestreuen.

5.30 Gerstenbrätlinge

Verbessert Verdauung, senkt Cholesterinspiegel, Durchfall, Geschwüre, Gliederschmerzen, Magenproblemen, stärkt Milz und Leber, reduziert Blutdruck, bakterizid, stärkt Immunsystem, beugt Krebs vor, reduziert Strahlenverletzungen, regt Leberfunktion an
Kalorien p. Portion 398
Kochdauer ca. 1 1/2 Stunden

Menge	Zutaten	
2 Tassen	Wasser	ja
1 Tasse	Gerstengrütze	ja
1 Stück	Kartoffel	ja
1 Stück	Karotte (Mohrrübe, Möhre)	empfehlenswert
2-3 Stück	Champignon	ja
1 Stuck	Huhn EI	ja
1 Stück	Zwiebel weiss	wenig
1/2 TL	Ingwer frisch	ja
1 Prise	Pfeffer (gemahlen)	ja
1 Prise	Salz	wenig
1/2 Stück	Zitrone	wenig
2 EL	Petersilie	ja
1 Prise	Rosenpaprika Pulver	ja
2-3 EL	Sesamöl	empfehlenswert
1 Stück	Brötchen (Semmel)	wenig

Kochanleitung:
Vorbereitung: 2 große Tassen heißes Wasser in einen Topf geben; 1 große Tasse Thermo-Gerstengrütze dazugeben; 2 Minuten unter Rühren köcheln; dann 20 Minuten auf der ausgeschalteten Herdplatte quellen lassen; herunternehmen und abkühlen lassen.

In kochendem Wasser 1 große Kartoffel, kleingeschnitten kochen.
In heißem Wasser 1 Brötchen einweichen und dann gut ausdrücken.

Danach: Die Gerstengrütze, die Kartoffel zerdrückt, das Brötchen miteinander vermengen; 1 geraspelte Karotte, 2 - 3 kleingehackte Champignons, 1 Ei, 1 fein gehackte Zwiebel, 1/2 TL geriebenen Ingwer, eine Prise Pfeffer, eine Prise Salz, etwas Zitronensaft, gehackte Petersilie, reichlich Rosenpaprika dazugeben; gut durchkneten und Brätlinge formen; in einer heißen Pfanne Sesamöl erhitzen; die Brätlinge etwa 15 Minuten bei sanfter Hitze ausbacken; nach der Hälfte der Zeit wenden.

Dazu passt: Blattsalat, Sojasprossengemüse.

5.31 Gerstenschrotsuppe

Harntreibend, stärkt Magen, befeuchtet Darm, unterstützt das Wasserlassen, regt Leberfunktion an, antioxidativ, fördert Verdauung, entgiftet, reduziert Blutfett, regt an, löst Stagnation.
Kalorien p. Portion 265
Kochdauer ca. 30 Min.

Menge	Zutaten	
1 Tasse	Gerste	ja
1 Prise	Salz	wenig
1/2 TL	Ingwer frisch	ja
1 EL	Olivenöl	ja
3 EL	Petersilie	ja
2 Tassen	Wasser	ja

Kochanleitung:
Gerste in der Pfanne trocken rösten, anschließend zu Schrot mahlen und mit Wasser, etwas Salz und Ingwer zu einem Brei kochen. Vor dem Servieren Öl und Petersilie unterheben.

Variante: Man kann dem Gericht noch einen besseren Geschmack verleihen, wenn man es mit vorbereiteter Gemüse- oder Fleischbrühe kocht.

5.32 Getreidekaffee mit Kardamom

Harntreibend, stärkt Magen, befeuchtet Darm, unterstützt das Wasserlassen, befeuchtet die Haut, entspannt, Vermindert Fettgewebe.
Kalorien p. Portion 3
Kochdauer ca. 5 Min.

Menge	Zutaten	
1 EL	Getreidekaffee	ja
2 Kerne	Kardamom	ja
1 Tasse	Wasser	ja

Kochanleitung:
Wasser, Kaffee, Zucker und Kardamom aufkochen und setzen lassen

5.33 Grießsuppe mit Gemüse

Reduziert Blutdruck, stärkt Magen, löst Stagnation, fördert Gewichtsabnahme, Abwehrschwäche, Appetitlosigkeit, Blähungen, Bluthochdruck, Depressionen, Durchfall, Sodbrennen.
Kalorien p. Portion 105
Kochdauer ca. 20 Min. (+Grundrezept)

Menge	Zutaten	
1/2 Liter	Grundrezept für eine Gemüsebrühe nahrhaft	ja
2 EL	Weizen Grieß	ja
1/2 TL	Liebstöckel	ja
1/2 TL	Basilikum (frisch)	ja
1 Prise	Muskatnuss	ja
100 g.	Karotte (Mohrrübe, Möhre)	empfehlenswert
50 g.	Sellerie Knolle	empfehlenswert
3 EL	Sahne, süß 30%	wenig
1 EL	Petersilie	ja

Kochanleitung:
Grieß ohne Fett in einer Pfanne anrösten. Kleingeschnittene Karotten und Sellerie kurz mitrösten. Mit der Gemüsesuppe aufgießen. Mit Liebstöckel, Muskatnuss würzen und 10 min. köcheln lassen.
Vor dem Servieren die Sahne einrühren und mit Petersilie garnieren.

5.34 Grundrezept für eine Gemüsebrühe nahrhaft

Reduziert Blutdruck, bakterizid, stärkt Immunsystem, stärkt Magen, löst Stagnation, fördert Gewichtsabnahme, Abwehrschwäche, Appetitlosigkeit, Durchfall, reduziert Blutfett.
Kalorien p. Portion 47
Kochdauer ca. 2-3 Stunden

Menge	Zutaten	
1 EL	Olivenöl	ja
1 Stück	Zwiebel weiss	wenig
3 Stück	Karotte (Mohrrübe, Möhre)	empfehlenswert
150 g.	Pastinake	ja
1 Tasse	Sellerie Knolle	empfehlenswert
1/2 TL	Ingwer frisch	ja
1/2 Stück	Zitrone	wenig
6 Stück	Wacholderbeere	empfehlenswert
1 Prise	Thymian getrocknet	ja
1 EL	Liebstöckel	ja
2 Blätter	Lorbeerblatt	ja
1 Prise	Salz	wenig
3/4 Liter	Wasser	ja

Kochanleitung:
Gemüse würfelig schneiden. In heißem Topf Öl erhitzen, Zwiebel und Gemüse anbraten, Ingwer und Lorbeer dazugeben. Mit kaltem Wasser aufgießen, Zitronensaft zugeben. Mit Wacholder, Thymian und Liebstöckel würzen. 2 – 3 Stunden auf kleiner Flamme zugedeckt köcheln. Das verwendete Gemüse soll weggeworfen werden. Das Grundrezept dient als Suppengrundlage und zur Verfeinerung von Gemüse, Hülsenfrüchte oder Getreide. Wollen Sie gleich Gemüsesuppe essen, geben Sie eine halbe Stunde vorher das gewünschte Gemüse dazu.

5.35 Grundrezept für eine Hühnerbrühe wärmend

Stärkt Blut, baut Milz und Magen auf, stärkt Knochenmark, reduziert Blutdruck, bakterizid, stärkt Immunsystem, beugt Krebs vor, reduziert Strahlenverletzungen, fördert Schwitzen, löst Stagnation, Gut für ·Appetitlosigkeit, Blähungen.
Kalorien p. Portion 89
Kochdauer ca. 2-3 Stunden

Menge	Zutaten	
1/2 Stück	Huhn Fleisch	ja
2 Stück	Karotte (Mohrrübe, Möhre)	empfehlenswert
1 Stange	Lauch (Porree)	ja
1 Stück	Sellerie Knolle	empfehlenswert
2 Scheiben	Ingwer frisch	ja
1 TL	Bockshornklee	ja
1 TL	Wacholderbeere	empfehlenswert
3 Stück	Lorbeerblatt	ja
1 Liter	Wasser	ja

Kochanleitung:
Hühnerteile vom Fett befreien, in einem Topf mit heißem Wasser geben
und kurz aufkochen lassen, entstehenden Schaum abschöpfen.
Grob geschnittenes Gemüse und alle Gewürze zugeben und 2 – 3
Stunden bei mittlerer Hitze kochen. Fertige Suppe abseihen. Gemüse
und Knochen wegwerfen.
Tipp: Wenn Sie das Fleisch als Suppeneinlage weiter verwenden
möchten, nach 45 Minuten rausnehmen und nur die Knochen in die
Suppe zurückgeben.

5.36 Grundrezept für eine Reissuppe (Congee)

Niedriger Fettgehalt, zur Entwässerung des Körpers bei Übergewicht
und Bluthochdruck.
Kalorien p. Portion 140
Kochdauer ca. 2-4 Stunden

Menge	Zutaten	
1 Tasse	Reis Sorte beliebig	ja
6 Tassen	Wasser	ja

Kochanleitung:
Man kocht Reis und Wasser in einem Verhältnis von etwa 1:6. Die
Menge des Wassers bestimmt die Dicke des Breis (reine
Geschmacksache). Der Reis quillt unwahrscheinlich auf, nehmen Sie
also nicht viel. Geben Sie den Reis in einen Topf mit einem schweren
Deckel. Wichtig ist, den Reis nach kurzem Aufkochen nur auf kleinster
Flamme köcheln zu lassen, da er sonst anbrennt.
Kochen Sie den Reis 2-4 Stunden. Je länger er kocht, umso mehr stärkt
er. Wenn Sie das Gericht zum Frühstück essen möchten, können Sie
den Reis auch kurz vor dem Zubettgehen aufsetzen. Sicherheitshalber
sollten Sie vorher einmal unter Beobachtung für eine ähnlich lange Zeit
das Verhalten Ihres Topfes und Herdes prüfen, damit nichts anbrennt.

5.37 Haferflockensuppe mit Frühlingszwiebel und Karotten

Reduziert Blutdruck, bakterizid, stärkt Immunsystem, beugt Krebs vor,
reduziert Strahlenverletzungen, regt Verdauung an, reduziert
Schmerzen, fördert Appetit, löst Stagnation.
Kalorien p. Portion 134
Kochdauer ca. 30 min.

Menge	Zutaten	
6 EL	Hafer	ja
2 Stück	Karotte (Mohrrübe, Möhre)	empfehlenswert
1 EL	Butter Bio	ja
1 Prise	Muskatnuss	ja
1 Stiel	Liebstöckel	ja
2 Stück	Zwiebel Frühlingszwiebel	wenig
1/2 Liter	Wasser	ja

Kochanleitung:
Haferflocken in Butter anrösten, Salz und Gewürze dazugeben, mit Wasser aufgießen und aufkochen lassen. Nach 10 min. die geriebenen Karotten und Liebstöckel dazugeben, 10 min kochen. Zwiebel fein schneiden und dazugeben.

5.38 Herzhaftes Winterfrühstück

Stärkt die Abwehrkräfte und erwärmt, beruhigt Nerven und Magen, fördert Verdauung, entgiftet, stärkt Säfteproduktion, treibt Schweiß, reduziert Blutfett, regt an, löst Stagnation.
Kalorien p. Portion 678
Kochdauer ca. 20 min.

Menge	Zutaten	
1 Tasse	Hafer Schrot	ja
1/2 TL	Ingwer frisch	ja
1 Prise	Salz	wenig
2 Stück	Zwiebel Frühlingszwiebel	wenig
1 Stück	Huhn Ei	ja
1 EL	Butter Bio	ja
1 Schuß	Sojasauce	ja

Kochanleitung:
Haferschrot über Nacht einweichen. Am Morgen mit etwas Ingwer, Salz und einer Frühlingszwiebel oder Lauch aufkochen und dann quellen lassen, bis der Brei weich ist. Vor dem Servieren ein ganzes Ei unter den Brei mengen, Butter zugeben und nach Geschmack mit etwas Sojasoße würzen.
Empfehlung: Besonders geeignet für die kalte Jahreszeit

5.39 Hirse mit Shiitakepilzen und Avocado

Hilft bei Entzündungen, Schwellungen, Schmerzen, Stärkt Milz und Niere, Harntreibend, regt Verdauung an, aufbauend, augenstärkend, entgiftend, gewebestärkend, nervenstärkend, aufbauend,
Kalorien p. Portion 559
Kochdauer ca. 20 Min.

Menge	Zutaten	
1 Tasse	Hirse	ja
2 Tassen	Wasser	ja
25 g.	Shiitake, getrocknet	ja
1/2 TL	Ingwer frisch	ja
1 Prise	Pfeffer (gemahlen)	ja
1 Prise	Salz	wenig
1 EL	Petersilie	ja
1 Prise	Rosenpaprika Pulver	ja
1 EL	Butter Bio	ja
1 Stück	Avocado	ja
1 Schuß	Zitrone Saft	wenig
2 Handvoll	Rucola (Rauke)	empfehlenswert

Kochanleitung:
In einen Topf mit heißem Wasser die Hirse streuen, in Streifen geschnittene Shiitakepilze und etwas Ingwer dazugeben und gar köcheln; eine Prise gemahlenen Pfeffer, etwas Salz, reichlich Petersilie, eine Prise Rosenpaprika, ein Stück Butter unterrühren.

Währenddessen: ½ Avocado pro Portion auf einer Tellerhälfte anrichten: mit etwas gemahlenem Pfeffer, einer kleinen Prise Salz bestreuen; mit Zitronensaft beträufeln; etwas kleingeschnittenen Rucola oder Rosenpaprika drüberstreuen; das Hirsegericht auf die andere Tellerhälfte geben.

5.40 Huhn nach italienischer Art

Huhn: Stärkt Blut, stärkt Knochenmark. Reis Basmatireis: Zur Entwässerung des Körpers bei Übergewicht und Bluthochdruck. Fördert Durchblutung, stärkt Muskeln, antioxidativ.
Kalorien p. Portion 410
Kochdauer ca. 1 Stunde

Menge	Zutaten	
3 EL	Olivenöl	ja
1 Stück	Huhn Fleisch (in 8 Stücke geteilt)	ja
3 Zehen	Knoblauch	ja
1/2 TL	Rosmarin	ja
1 Prise	Salz	wenig
1 Prise	Pfeffer (gemahlen)	ja
1/4 Liter	Wasser	ja
1 Tasse	Reis Basmatireis	ja
6 Tassen	Wasser	ja
1 Prise	Salz	wenig

1 Stück	Kopfsalat	empfehlenswert
2 EL	Olivenöl	ja
1/4 Stück	Zitrone Saft	wenig
1 Prise	Senf	ja
1 Prise	Salz	wenig
1 Prise	Honig	ja

Kochanleitung:
In einer schweren Pfanne (mit Deckel) 1 EL Olivenöl bei niedriger Temperatur erhitzen. Die Hühnerteile hineingeben und ein paar Minuten anbraten. Sobald sie anfangen, Farbe anzunehmen, die restlichen 2 EL Olivenöl und den Knoblauch zugeben. Die Geflügelteile im Öl wenden und mit Rosmarin, Salz und Pfeffer bestreuen. Mit etwas Wasser aufgießen und zum Kochen bringen. Die Wärmezufuhr drosseln, den Deckel auflegen und das Huhn 35 bis 45 Minuten schmoren.
Dazwischen immer wieder nachsehen, ob noch genügend Garflüssigkeit vorhanden ist, und bei Bedarf jeweils 1 bis 2 EL Wasser aufgießen. Sobald sich das Fleisch vom Knochen löst, die Hühnerteile auf die Teller verteilen, den Bratenrückstand in der Schmorpfanne mit einigen EL Wasser oder Wein ablöschen und als Sauce über dem Fleisch verteilen.
In der Zwischenzeit den Reis in einem Topf mit der sechsfachen Menge gesalzenem Wasser, bei kleiner Flamme kochen.
Den Salat waschen und schleudern, kleinzupfen und in einer Schüssel anrichten. In einer kleinen Schüssel das Olivenöl, Zitronensaft, etwas Senf, Salz und Honig gut vermischen und zu dem Salat geben und vermischen.

5.41 Hühnersuppe mit Grünkern, Petersilie und Sake

Stärkt Blut, baut Milz und Magen auf, stärkt Knochenmark, reduziert Blutdruck, bakterizid, stärkt Immunsystem. Regt Leberfunktion an, entgiftet. Fördert Durchblutung, verbessert Medikamentenwirkung, regt Appetit an.
Kalorien p. Portion 150
Kochdauer ca. 10 Min. (+Grundrezept)

Menge	Zutaten	
1/2 Liter	Grundrezept für eine Hühnerbrühe wärmend	ja
4 EL	Grünkern	ja
2 EL	Petersilie	ja
1 Schuß	Sake	ja

Kochanleitung:
Die Zutaten in der Suppe 10 min. ziehen lassen.

5.42 Humus

Entspannt bei Brustdruckgefühl, befeuchtet trockene Haut, antioxidativ.
Regt Leberfunktion an, entgiftet, stimuliert das Immunsystem.
Kalorien p. Portion 542
Kochdauer ca. 2 Stunden

Menge	Zutaten	
2 Tassen	Kichererbsen	ja
1 TL zerrieben	Wakame	ja
1/4 TL	Ingwer frisch	ja
1 Prise	Rosmarin	ja
1 EL	Sesam Paste (Tahini)	ja
2 EL	Olivenöl	ja
1 Spritzer	Zitrone Saft	wenig
nach Bedarf	Wasser	ja
1 Zehe	Knoblauch (geschabt)	ja
1 TL	Petersilie	ja
1 Prise	Paprika	empfehlenswert
1 Prise	Curcuma (Gelbwurz)	ja
1 Prise	Koriander	ja
1 Prise	Kardamom	ja
1 Prise	Chili (Schote oder gemahlen)	ja
1 Prise	Pfeffer (gemahlen)	ja
1/2 TL	Salz Kräutersalz	ja

Kochanleitung:
Kichererbsen über Nacht oder mind. 6 Stunden einweichen,
Einweichwasser weg giessen, in frischem Wasser ca. 1 - 1 ½ Std. mit
wenig Meeresalge und Ingwer kochen, erkalten lassen.
Würzen mit einigen Spritzern Zitronensaft, Petersilie.
Klein geschnittener oder gepresster Knoblauch mit Pfeffer würzen, je
nach Belieben mehr oder weniger Koriander - und Kardamompulver,
wenig Chili-Pulver. Tahin und Olivenöl hinzugeben.
Alle Zutaten zusammen pürieren. Je nach Konsistenz Wasser
dazugeben. Es sollte eine geschmeidige Paste entstehen.
Auf Getreideküchlein, Cracker oder getoastetes Brot streichen oder zu
Salat genießen.

5.43 Indische Dalsuppe

Stärken Herz und Niere, fördert Verdauung. Reduziert Blutdruck,
bakterizid, stärkt Immunsystem. Fördert Durchblutung, stärkt Muskeln.
Stärkt Magen-Darm-Funktion, erweitert Blutgefäße.
Kalorien p. Portion 255
Kochdauer ca. 30 Min.

Menge	Zutaten	
175 g.	Linsen (Helmbohnen)	empfehlenswert
3 EL	Sesamöl	empfehlenswert
1 Stück	Karotte (Mohrrübe, Möhre)	empfehlenswert
1 Stück	Zwiebel Schalotte	wenig
2 Tassen	Wasser	ja
2 Scheiben	Ingwer frisch	ja
1 Prise	Salz	wenig
1 TL	Sojasauce	ja
1 TL gehackte	Petersilie	ja
1 TL	Thymian	ja
1 EL	Basilikum	ja

Kochanleitung:
Linsen über Nacht einweichen; in einen heißen Topf Öl geben; Karotte, Zwiebel, etwas Ingwer andünsten mit Wasser aufgießen; Linsen zugeben und weich kochen; Salz oder Sojasoße zugeben und weitere 10 Minuten kochen; vor dem Servieren Petersilie unterheben; Thymian oder Basilikum drüberstreuen.

Variante: Andere Kräuter wie Salbei, Rosmarin oder Liebstöckel ermöglichen eine Vielfalt von Geschmacksnuancen.

5.44 Italienische Gemüse-Bohnen Suppe

Fördert Verdauung, hilft Fett zu verdauen, unterstützt das Wasserlassen, reduziert Blutdruck. Regt Blutproduktion und Stoffwechsel an, baut Fett ab. Reduziert Blutdruck, bakterizid, stärkt Immunsystem.
Kalorien p. Portion 204
Kochdauer ca. 1 Stunde

Menge	Zutaten	
200 g.	Butterbohnen weiße	ja
1 Stück	Zwiebel Schalotte	wenig
1 Stück	Karotte (Mohrrübe, Möhre)	empfehlenswert
2 EL	Olivenöl	ja
2 Stück	Tomate	empfehlenswert
10 dag.	Sellerie Knolle	empfehlenswert
7 dag.	Weißkohl/Weißkraut	empfehlenswert
5 dag.	Endiviensalat	ja
1 Prise	Salz	wenig
1 Prise	Pfeffer (gemahlen)	ja
1/2 Liter	Wasser	ja

Kochanleitung:
Bohnen einweichen und 1/2 Stunde kochen. Zwiebel, Karotten und
Sellerie in Bratöl andünsten. Tomaten und Wasser dazugeben und alles
30 Minuten köcheln. In Streifen geschnittenen Weißkohl und
Endiviensalat sowie die gekochten Bohnen hineingeben und mit Salz,
Pfeffer und Olivenöl abschmecken.

5.45 Italienischer Champignonreis

Erfrischend und nährend, befeuchtend. Fördert die Verdauung und
kuriert Bluthochdruck. Stärkt Milz und Magen, stärkt Muskeln, fördert
Verdauung und Durchblutung, fördert das Wachstum, löst Stagnation
Kalorien p. Portion 256
Kochdauer ca. 25 Min.

Menge	Zutaten	
2 Tassen	Reis Rundkornreis	ja
1/2 Liter	Wasser	ja
1 Prise	Pfeffer (gemahlen)	ja
1 Prise	Salz	wenig
1 Schuß	Zitrone Saft	wenig
1 Prise	Rosenpaprika	ja
250 g.	Champignon	ja
1 TL	Olivenöl	ja
1 TL	Lauchzwiebel Schnittlauch	ja
2 EL	Parmesan	ja

Kochanleitung:
Rundkornreis mit kaltem Wasser aufsetzen und gar kochen;
gemahlenen Pfeffer, Salz, reichlich Zitronensaft, Rosenpaprika, etwas
Olivenöl oder Butter dazugeben und alles gut durchmengen; reichlich
feinblättrig geschnittene Champignons, Schnittlauch oder die grünen
Teile der Frühlingszwiebel sowie etwas geriebenen Parmesan
vorsichtig unterheben.

Passt zu: Gemüse- und Tofugerichten, Gerichten mit Tomatensoße.

5.46 Kabeljausuppe mit Tomaten

Stärkt Milz und Niere; fördert das Wasserlassen. Kräftigt Nieren.
Fördert Durchblutung, verbessert Medikamentenwirkung, regt Appetit
an, hilft Fett zu verdauen, unterstützt das Wasserlassen, reduziert
Blutdruck. Regt Leberfunktion an, entgiftet.
Kalorien p. Portion 176
Kochdauer ca. 30 min. (+Grundrezept)

Menge	Zutaten	
1/2 Liter	Grundrezept für eine Fischbrühe	ja
250 g.	Kabeljau	empfehlenswert
1 Stück	Zwiebel Schalotte	wenig
1/2 TL	Anis (gemeiner Fenchel)	ja
1/2 TL	Ingwer frisch	ja
1 TL	Olivenöl	ja
1 Stück	Tomate	empfehlenswert
1/8 Liter	Weißwein	wenig
1 Prise	Salz	wenig
1 Prise	Pfeffer (gemahlen)	ja
1 EL gehackte	Petersilie	ja

Kochanleitung:
Zwiebel, Anis und frisch geriebenem Ingwer in Öl anbraten; Tomaten zugeben und mitdünsten. Mit etwas Wein und Fischsuppe aufgießen. Alles 10-15 Minuten sanft köcheln. Mit Salz und Pfeffer abschmecken; die Kabeljaustücke zugeben und sanft erhitzen. Am Schluss mit Petersilie garnieren.

5.47 Karotten-Kartoffel-Rucola Brötchen

Lindert Entzündungen, verbessert Verdauung, unterstützt das Wasserlassen, senkt Cholesterinspiegel, stärkt Immunsystem, beugt Krebs vor, Verstopfung lösend (Balaststoffreich), löst Stagnation.
Kalorien p. Portion 94
Kochdauer ca. 20 Min.

Menge	Zutaten	
200 g	Kartoffel (mehlige)	ja
1 Stück	Karotte (Mohrrübe, Möhre)	empfehlenswert
3 EL	Sauerrahm 15% Fett	ja
1 Stück	Zwiebel Frühlingszwiebel	wenig
1/2 Bund	Rucola (Rauke)	empfehlenswert
1/4 TL	Zitrone Schale	wenig
1 Prise	Salz	wenig
1 Prise	Pfeffer (gemahlen)	ja
8 Scheiben	Vollkornbrot	empfehlenswert

Kochanleitung:
Kartoffeln in der Schale weich kochen, abziehen und durch die Kartoffelpresse drücken.
Gemüsebrühe nach Grundrezept kochen und eine Karotte nach kurzer Garzeit herausnehmen und mit der Gabel fein zerdrücken.
Kartoffeln, Karotten, abgeriebene Zitronenschale und Sauerrahm zu einer glatten Creme rühren.

Karotten-Kartoffel-Creme mit fein geschnittenem Rucola verrühren. Den Aufstrich mit Salz und Pfeffer abschmecken und die Brote bestreichen. Mit den fein geschnittenen Jungzwiebeln bestreuen.

5.48 Kartoffel-Basilikumsuppe

Lindert Entzündungen, verbessert Verdauung, unterstützt das Wasserlassen, senkt Cholesterinspiegel, reduziert Blutdruck, bakterizid, stärkt Immunsystem, beugt Krebs vor, reduziert Strahlenverletzungen, antioxidativ, löst Stagnation.
Kalorien p. Portion 95
Kochdauer ca. 25 min.

Menge	Zutaten	
500 ml	Wasser	ja
4 Stück	Kartoffel	ja
2 Stück	Karotte (Mohrrübe, Möhre)	empfehlenswert
1 Stück	Sellerie Knolle	empfehlenswert
1 Prise	Pfeffer (gemahlen)	ja
1 Prise	Kümmel	ja
1 Zehe	Knoblauch	ja
1 Prise	Salz	wenig
1 TL	Zitrone	wenig
1 Bund	Basilikum (frisch)	ja
1 Prise	Rosenpaprika Pulver	ja
1 Prise	Zucker Ursüße (Zuckerrohr) süß	wenig
1 EL	Olivenöl	ja

Kochanleitung:
In einem Topf mit heißem Wasser 4 mittelgroße Kartoffeln geschält und kleingeschnitten und 2 mittelgroße Karotten kleingeschnitten geben, ein Stück von 1 Sellerieknolle, eine Prise Pfeffer, eine Prise gemahlenen Kümmel, 1 kleine Knoblauchzehe zerdrückt, eine Prise Salz, 1 TL Zitronensaft köcheln, bis das Gemüse weich ist.
Von 1 Bund Basilikum fein gehackt eine Hälfte in die Suppe geben und alles pürieren; die andere Hälfte des Basilikums anschließend unterrühren; mit Rosenpaprika, einer Prise Vollrohrzucker, 1 EL Olivenöl oder Butter, frisch gemahlenem Pfeffer, Salz abschmecken.

5.49 Kartoffelcreme mit Kräuter-Frischkäse

Appetitlosigkeit, Schluckstörungen, verbessert Verdauung, löst Stagnation, Verstopfung, Blähungen und Übelkeit, entkrampfend und beruhigend.
Kalorien p. Portion 217
Kochdauer ca. 25 Min.

Menge	Zutaten	
250 g.	Kartoffel (mehlige)	ja
80 g.	Frischkäse	ja
3 EL	Joghurt (Natur, 1,5 % Fett)	empfehlenswert
1/2 Bund	Lauchzwiebel Schnittlauch	ja
1 TL	Basilikum (frisch)	ja
1 TL	Petersilie	ja
1/2 TL	Dill	ja
1 Prise	Salz	wenig
1 Prise	Schwarzkümmel	ja
1 Prise	Pfeffer (gemahlen)	ja

Kochanleitung:

Kartoffeln in der Schale weich dämpfen, abziehen und durch die Kartoffelpresse drücken.

Frischkäse, Joghurt und Kräuter unter die Kartoffeln mischen, mit Salz, zerstoßenem Schwarzkümmel und Pfeffer abschmecken.

5.50 Kartoffel-Gnocchi mit Gemüse und Basilikumsauce

Stärkt Immunsystem, fördert Gewichtsabnahme, Abwehrschwäche, Appetitlosigkeit, Blähungen, Bluthochdruck, entkrampfend und beruhigend.

Kalorien p. Portion 166

Kochdauer ca. 1 Stunde (+Grundrezept)

Menge	Zutaten	
250 g.	Kartoffel	ja
25 g.	Weizen Mehl	ja
15 g.	Weizen Grieß	ja
1 Stück	Huhn Eigelb	wenig
1 Prise	Muskatnuss	ja
250 ml.	Grundrezept für eine Gemüsebrühe nahrhaft	ja
50 g.	Sellerie Knolle	empfehlenswert
1/2 TL	Zitrone Schale	wenig
1/2 TL	Ingwer frisch	ja
1 Prise	Muskatnuss	ja
1 Bund	Basilikum (frisch)	ja
1 EL	Creme fraiche	ja
1 Prise	Salz	wenig
1 Prise	Pfeffer (gemahlen)	ja
100 g.	Karotte (Mohrrübe, Möhre)	empfehlenswert
100 g.	Zucchini	empfehlenswert
100 g.	Blumenkohl (Karfiol)	empfehlenswert

| 100 g. | Brokkoli | empfehlenswert |
| 1 Prise | Salz | wenig |

Kochanleitung:
Kartoffeln in der Schale weich dämpfen, abziehen und heiß durch die Kartoffelpresse passieren. Die heißen Kartoffeln mit Mehl, Grieß, Ei, Muskat und Salz zu einem glatten Teig verarbeiten. Teig 3o Minuten rasten lassen.
Aus dem Teig mit mehlbestäubten Händen kleine Röllchen (2 cm) formen, davon 1 cm dünne Scheibchen abschneiden. Damit die typische Gnocchiform entsteht, die Teigscheibchen mit dem Daumen leicht eindellen. Gnocchi in leicht kochendem Salzwasser 6 - 8 Minuten ziehen lassen. Gnocchi mit dem Schaumlöffel aus dem Topf heben.

Gemüsebrühe zum Kochen bringen. Würfelig geschnittenen Sellerie, geriebene Zitronenschale, feingehackten Ingwer und 1 gute Prise Muskat dazugeben. Zugedeckt ca. 10 Minuten köcheln. Mit dem Mixstab Gemüsebrühe, Sellerie, gehackten Basilikum und Creme fraiche zu einer glatten Soße pürieren. Mit Salz und Muskat abschmecken.

Karotten, Zucchini, Blumenkohl und Brokkoli kleinschneiden und zugedeckt in einem Siebeinsatz über Wasserdampf in 8 Minuten bissfest garen.
Soße nochmals erhitzen und zum Gemüse geben und über die Gnocchi anrichten.

5.51 Kartoffeln mit Bärlauch-Topfen

Verbessert Verdauung, regeneriert Haut, unterstützt das Wasserlassen, senkt Cholesterinspiegel. Hilft bei Magendruck, Aufstoßen, Diabetes, akute oder chronische Verstopfung des Darmes. Verbessert die Fließeigenschaften des Blutes
Kalorien p. Portion 254
Kochdauer ca. 20 Min.

Menge	Zutaten	
300 g.	Kartoffel	ja
1 Prise	Salz	wenig
2 Handvoll	Bärlauch (Knoblauchspinat)	ja
250 g.	Topfen 20%	empfehlenswert
2 EL	Joghurt (Natur, 1,5 % Fett)	empfehlenswert
1 Prise	Salz	wenig

Kochanleitung:
Kartoffeln in Salzwasser kochen und schälen.
Die Bärlauchblätter werden gewaschen und vorsichtig abgetrocknet und
in feine Streifen geschnitten. Topfen, Jogurt und Salz vermischen und
die gehackten Bärlauchstücke untermischen. Zu den Kartoffeln
servieren.
In der Jahreszeit in der kein Bärlauch wächst kann das Bärlauch-Pesto
verwendet werden.

5.52 Kartoffelpuffer

Stärkt Milz, lindert Entzündungen, verbessert Verdauung, regeneriert
Haut, unterstützt das Wasserlassen, beruhigt Nerven und Magen,
befeuchtet, führt ab, antiparasitisch.
Kalorien p. Portion 893
Kochdauer ca. 15 Min.

Menge	Zutaten	
250 g.	Kartoffel (mehlige)	ja
10 g.	Weizen Mehl	ja
1 Stück	Huhn Ei	ja
2 EL	Rapsöl	empfehlenswert
1 Prise	Salz	wenig
50 g.	Sahne sauer 20%	ja
1 Prise	Salz	wenig
1 EL	Kräuter verschiedene	ja

Kochanleitung:
Die geschälten Kartoffeln fein reiben, die übrigen Zutaten dazugeben,
gut mischen, mit Salz abschmecken. Öl erhitzen und mit dem Löffel
kleine flache Kuchen in die Pfanne geben. Kartoffelpuffer auf beiden
Seiten knusprig goldbraun backen. Am Teller anrichten und mit saurer
Sahne anrichten, salzen und mit Kräuter bestreuen

5.53 Kartoffeltaschen mit Wildkräutern mit Tomatensauce

Stärkt Milz, lindert Entzündungen, verbessert Verdauung,
Appetitlosigkeit, Blähungen, Darmentzündungen, regt Leberfunktion an,
fördert Wasserlassen, löst Stagnation, entschlackend, reinigt die
Nieren, unterstützend bei Prostatabeschwerden.
Kalorien p. Portion 417
Kochdauer ca. 45 Min.

Menge	Zutaten	
1 EL	Olivenöl	ja
1 Stück	Zwiebel weiss	wenig
1 Stück	Knoblauch	ja
400 g.	Tomatenpüre	ja
1 Prise	Salz	wenig
1 Prise	Pfeffer (gemahlen)	ja
1 EL	Sahne, süß 30%	wenig
650 g.	Kartoffel	ja
200 g	Weizen Mehl	ja
1 Stück	Huhn Ei	ja
1 Prise	Salz	wenig
1 Prise	Pfeffer (gemahlen)	ja
1 Prise	Muskatnuss	ja
30 g.	Löwenzahn (junger)	ja
30 g.	Schafgarbe	ja
10 g.	Kerbel getrocknet	ja
10 g.	Spitzwegerichtee	ja
50 g.	Petersilie	ja
1 EL	Olivenöl	ja
1 Stück	Knoblauch	ja
4 EL	Topfen 20%	empfehlenswert
1 EL	Mayonnaise 50%	wenig
1/2 TL	Salz Kräutersalz	ja
1 Prise	Schwarzkümmel	ja
1 Prise	Pfeffer (gemahlen)	ja
10 dag.	Emmentaler	ja

Kochanleitung:

Tomatensauce

Öl erhitzen, in Würfel geschnittene Zwiebel mit dem zerdrückten Knoblauch andünsten. Tomatenpüree zu den Zwiebeln geben. 2 Minuten unter Rühren eindicken lassen, mit Salz und Pfeffer würzen und die Sahne hinzugeben und in eine feuerfeste Form geben.

Kartoffelteig

Festkochende Kartoffel gar kochen, abgießen, schälen und durchpressen. In einer Schüssel mit Mehl, Parmesan, Ei, und Gewürzen vermengen. Den Teig auf einer leicht bemehlten Arbeitsfläche ausrollen und in 5 cm große Vierecke schneiden.

Kräuterfüllung

Kräuter hacken und mit Öl, Knoblauch, Topfen, Mayonnaise, Kräutersalz, zerstoßenem Schwarzkümmel und Pfeffer zu einer cremigen Masse vermischen. Auf die Teigflecken mit einem Löffel in die Mitte geben. Zu einem Dreieck zusammenklappen, Rand festdrücken und die Taschen in reichlich Salzwasser gar ziehen lassen, bis sie oben schwimmen. Auf die Tomaten geben, mit dem geriebenem Käse bestreuen und im Ofen goldbraun überbacken.

5.54 Klassisches Ingwerhuhn mit Reiswein

Stärkt Magen, Milz, Blut und Knochenmark. Lindert Müdigkeit, verbessert Magen-Darm-Funktionen. Harntreibend, aufbauend, augenstärkend, entgiftend, gewebestärkend, nervenstärkend.
Kalorien p. Portion 357
Kochdauer ca. 30 Min.

Menge	Zutaten	
3 EL	Butter Bio	ja
2 EL	Ingwer frisch	ja
1 Prise	Salz	wenig
2 Stück (Beine)	Huhn Fleisch	ja
1 Schuß	Lycheelikör	wenig
1 Prise	Curry	ja
1 Schuß	Sake	ja
4 EL	Mais	ja
1/2 Tasse	Hirse	ja
1 Prise	Salz	wenig
2 Tassen	Wasser	ja
1/2 Stück	Kopfsalat	empfehlenswert
1 EL	Olivenöl	ja
1 TL	Essig (Apfelessig)	ja
2 EL	Wasser	ja
1 Prise	Salz	wenig
1 EL	Kräuter verschiedene	ja

Kochanleitung:
In einer heißen Pfanne (am besten aus Gußeisen oder Emaille) Butter erhitzen; reichlich kleingeschnittenen Ingwer (etwa 1 gehäuften EL pro Hühnerbein) bei niedriger Hitze kurz anbraten; etwas Salz, Hühnerschlegel und/oder andere Teile vom Huhn rundherum bei sanfter Hitze anbraten; Lycheelikör oder Ahornsirup, wenig Curry dazugeben und kurz mitbraten; reichlich Sake unterrühren; Maiskörner (aus dem Glas, Naturkosthandel) dazugeben; alle Zutaten in der Soße einige Minuten sieden lassen, bis das Fleisch gar ist; mit Salz abschmecken.

Dazu passt: Hirse, Blattsalat oder Kopfsalat.

5.55 Kohlrabi in Kerbelsoße mit Kartoffeln

Lindert Entzündungen, senkt Cholesterinspiegel, Harntreibend, leitet Darmwinde ab, stärkt Immunsystem, beugt Krebs vor, fördert Gewichtsabnahme, Appetitlosigkeit, Blähungen, Bluthochdruck, Depressionen, Diabetes, Durchfall.
Kalorien p. Portion 187
Kochdauer ca. 1 Stunde (+Grundrezept)

Menge	Zutaten	
6 Stück	Kartoffel	ja
300 ml.	Grundrezept für eine Gemüsebrühe nahrhaft	ja
100 g.	Kartoffel	ja
1 Prise	Muskatnuss	ja
1/2 TL	Zitrone Schale	wenig
1/2 TL	Ingwer frisch	ja
1/2 TL	Liebstöckel	ja
300 g.	Kohlrabi	empfehlenswert
1 Prise	Salz	wenig
1 Prise	Pfeffer (gemahlen)	ja
3 EL	Sauerrahm 15% Fett	ja
1 Bund	Kerbel getrocknet	ja

Kochanleitung:
Die Kartoffeln in Salzwasser weichkochen.
Die Hälfte der Gemüsebrühe zum Kochen bringen. Gewürfelte Kartoffeln, Muskat, Zitronenschale, Ingwer und Liebstöckel dazugeben. Kartoffeln zugedeckt ca. 10 Minuten weich kochen und alles mit dem Mixstab zu einer glatten Soße pürieren.
Restliche Gemüsebrühe zum Kochen bringen. Kohlrabi in Würfel schneiden und hinzufügen und zugedeckt ca. 8 Minuten kochen. Die Kartoffelsoße unterrühren und alles kurz erhitzen.
Mit dem Mixstab Kerbel und Sauerrahm fein pürieren. Die Kerbelcreme mit dem Kohlrabigemüse vermischen.
Mit den gekochten, geschälten Kartoffeln anrichten.

5.56 Lachs auf Tomate-Spinat

Nährt Blut, fördert Ausscheidung, fördert Durchblutung, stärkt Magen-Darm, stärkt Blut, lindert Entzündungen, verbessert Verdauung, regeneriert Haut, unterstützt das Wasserlassen, senkt Cholesterinspiegel, fördert Schwitzen, löst Stagnation.
Kalorien p. Portion 364
Kochdauer ca. 1 Stunde

Menge	Zutaten	
500 g.	Kartoffel	ja
1 Prise	Salz	wenig
600 g.	Lachs	empfehlenswert
2 TL	Rapsöl	empfehlenswert
100 g.	Tomate	empfehlenswert
700 g.	Spinat	ja
1 Prise	Salz	wenig
4 EL	Pinienkerne	ja
120 g.	Lauch (Porree)	ja
4 EL	Olivenöl	ja
1 Prise	Salz	wenig
1 Prise	Pfeffer weiss (gemahlen)	ja

Kochanleitung:
Kartoffel schälen und würfelig schneiden, in Salzwasser garkochen.
Den Lachs in Portionen schneiden und in einer Pfanne von beiden Seiten, sanft mit Salz und Pfeffer gewürzt langsam und gleichmäßig braten, später die Pinienkerne dazugeben und leicht anrösten.
Spinat in Salzwasser blanchieren.
Den klein geschnittene Lauch mit etwas Rapsöl leicht anschwitzen, den blanchierten Spinat dazugeben und gleichmäßig erwärmen.
Kurz vor dem Anrichten die halbierten Cocktailtomaten zum Spinat geben und das Gemüse gut mit Salz und Pfeffer abschmecken.
Das Spinat-Lauch-Tomaten-Bett mit den Kartoffeln anrichten, den Lachs dazugeben und die gesalzenen Pinienkerne darauf streuen.
Das Gericht mit wenig Olivenöl beträufeln und servieren.

5.57 Lammfleischsuppe HARIRA

Stärkt Muskeln, Sehnen und Knochen, reduziert Blutdruck. Fördert Fett zu verdauen, unterstützt das Wasserlassen, reduziert Blutdruck. Beruhigt Nerven und Magen, beruhigt Embryo während der Schwangerschaft. Regt Leberfunktion an, entgiftet.
Kalorien p. Portion 205
Kochdauer ca. 1 Stunde (+Grundrezept)

Menge	Zutaten	
250 g.	Lamm Fleisch	ja
3 große	Tomate	empfehlenswert
2 Stück	Zwiebel weiss	wenig
1 Bund	Petersilie	ja
1/2 TL	Ingwer frisch	ja
2 1/2 TL	Curcuma (Gelbwurz)	ja
1 TLSalz	wenig	

1 Prise	Pfeffer (gemahlen)	ja
1 Liter	Grundrezept für eine Rinderbrühe (klar)	ja
50 g. Kleine	Nudeln (Vollkorn) mit Ei	empfehlenswert
2 Stück	Huhn Ei	ja
2 TL	Zitrone Saft	wenig
1 Prise	Zimtpulver	ja

Kochanleitung:
Das Fleisch in 3cm Streifen schneiden. Tomate häuten und in Stücke schneiden. (Kerne lassen) Zwiebeln fein würfeln. Petersilie hacken. Öl erhitzen, Fleisch anbraten. Ingwer und Kurkuma unterziehen und salzen. Dann Tomate, Zwiebel und die Petersilie zufügen und mit heißer Fleischbrühe aufgießen. Die Suppe 45min. Zudecken und bei milder Hitze kochen. Die Nudeln einstreuen, aufkochen und mit offenem Topf noch 10min. Bei milder Hitze kochen lassen. Den Topf vom Herd nehmen. Die Eier mit dem Zitronensaft und den Zimt verquirreln und in die Suppe rühren. Nicht mehr kochen .

5.58 Lammgeschnetzeltes mit Rosmarinkartoffeln

Verbessert Verdauung, regeneriert Haut, unterstützt das Wasserlassen, senkt Cholesterinspiegel. Reduziert Blutdruck, bakterizid, stärkt Immunsystem. Stärkt Magen-Darm-Funktion, erweitert Blutgefäße.
Kalorien p. Portion 461
Kochdauer ca. 1 Stunde

Menge	Zutaten	
450 - 500 g.	Lamm Fleisch	ja
2 EL	Olivenöl	ja
1 Stück	Zwiebel weiss	wenig
1 Zehe	Knoblauch	ja
1 Prise	Muskatnuss	ja
3 Stück	Karotte (Mohrrübe, Möhre)	empfehlenswert
1/4 Knolle	Sellerie Knolle	empfehlenswert
1 Zweig	Rosmarin	ja
1 TL	Bohnenkraut	empfehlenswert
1 EL	Petersilie	ja
1 Prise	Rosenpaprika	ja
1/8 Liter	Rotwein	wenig
1 Prise	Salz Kräutersalz	ja
1/2 Stück	Zitrone Saft	wenig
1 EL	Preiselbeere	empfehlenswert
6 Stück	Kartoffel	ja

Kochanleitung:
Lammhüfte in Streifen schneiden, Karotten und Sellerie in kleine Würfel schneiden

Olivenöl in Pfanne erwärmen, Lammfleisch darin anbraten, geschnittene Zwiebeln und Knoblauch dazugeben, Salzen mit Kräutersalz, ganz wenig Wasser, Petersilie, mit Rotwein ablöschen, würzen mit Paprika und klein geschnittenem Rosmarin, Beifuß, Bohnenkraut, Karotten und Sellerie dazugeben, Hitze zurückdrehen auf kleinem Feuer ca. 35 Minuten köcheln lassen. Nachwürzen mit Pfeffer und Muskat, evt. noch nachsalzen, wenig Zitronensaft dazugeben, nachwürzen mit Paprika, Preiselbeeren unterziehen

Kartoffeln in der Länge halbieren, wenig Olivenöl auf die Schnittfläche streichen, salzen, 2 - 3 Rosmarinnadeln auf jede halbe Kartoffel streuen, Kartoffeln auf Backblech stellen und im vorgeheizten Backofen ca. 25 Minuten auf 190 Grad backen.

5.59 Marinierter Kabeljau auf Kürbispüre

Lindert Entzündungen, verbessert Verdauung, stärkt Milz, Lunge, Magen und Nieren, Harntreibend, reduziert Blutzucker, Verstopfung, löst Stagnation, Blähungen.
Kalorien p. Portion 201
Kochdauer ca. 2 Stunden

Menge	Zutaten	
6 Stück	Kartoffel	ja
200 g	Kürbis	ja
1 Stück	Zwiebel weiss	wenig
1/2 TL	Oregano getrocknet	ja
1/2 Stück	Zitrone Saft	wenig
1 Prise	Salz	wenig
1 Prise	Pfeffer (gemahlen)	ja
2 EL	Creme fraiche	ja
150 g.	Joghurt (Natur, 1,5 % Fett)	empfehlenswert
1/4 TL	Oregano getrocknet	ja
1/2 TL	Basilikum (frisch)	ja
300 g.	Kabeljau	empfehlenswert
1 Prise	Salz	wenig
1 Prise	Pfeffer (gemahlen)	ja
1 TL	Olivenöl	ja

Kochanleitung:
Joghurt mit Oregano, Basilikum und Thymian vermischen. Fischfilets abwaschen, trockentupfen, in eine flache Form legen und mit der Marinade übergießen. 2 Stunden im Kühlschrank durchziehen lassen. Kartoffel in Salzwasser weichkochen und schälen. Zwiebel in Öl glasig anschwitzen, den kleingewürfelten Kürbis hinzugeben und ca. 10 min. kochen. Oregano, Zitronensaft, Salz, Pfeffer und Creme fraiche dazugeben und mit dem Mixer pürieren. Fischfilets aus der Marinade nehmen, abtropfen lassen, trockentupfen und salzen. Eine beschichtete, Grillpfanne mit 2 TL Öl bestreichen. Die Fischfilets auf beiden Seiten je 3 - 4 Minuten braten und mit den Kartoffeln auf dem Kürbispüree anrichten.

5.60 Misosuppe mit Tofu

Vitamine, Mineralien und sekundäre Pflanzenwirkstoffe, beleben, entgiften, stärken das Immunsystem, fördert Verdauung, stärkt Magen, enzymhaltig, lindert Blähungen, Alginsäure entgiftet den Darm, löst Stagnation.
Kalorien p. Portion 51
Kochdauer ca. 5 min.

Menge	Zutaten	
1 Stück	Wakame	ja
3-4 EL	Miso	ja
50 g.	Soja Tofu	ja
1/2 Liter	Wasser	ja
1 Schuß	Sojasauce	ja
1/2 EL	Zwiebel Frühlingszwiebel	wenig

Kochanleitung:
Wasser, Sojakeimlinge, Wakamealge und in Würfel geschnittenen Tofu 5 Min aufwärmen. Misopaste in Suppenteller geben und langsam mit heißer Suppe übergießen. Mit Tamari Sauce abschmecken. Eventuell Frühlingszwiebel dazu.

5.61 Ofenkartoffeln mit Sellerie-Topfen

Stärkt Milz, lindert Entzündungen, verbessert Verdauung, regeneriert Haut, unterstützt das Wasserlassen, senkt Cholesterinspiegel.
Kalorien p. Portion 304
Kochdauer ca. 30 Min. (+Grundrezept)

Menge	Zutaten	
80 g.	Sellerie Knolle	empfehlenswert
100 ml.	Grundrezept für eine Gemüsebrühe nahrhaft	ja
1 Prise	Kümmel gemahlen	ja

1/2 TL	Zitrone Schale... wenig
1 Prise	Salz.. wenig
1 Prise	Pfeffer (gemahlen) .... ja
1 TL	Zitrone Saft .... wenig
200 g.	Topfen 20% .... empfehlenswert
1/2 EL	Creme fraiche .... ja
6 Stück	Kartoffel .... ja
2 TL	Olivenöl.. ja
1 Prise	Salz.. wenig

Kochanleitung:

Sellerie-Topfen

Sellerie mit Gemüsebrühe nach Grundrezept, Kümmel und Zitronenschale zum Kochen bringen. Zugedeckt ca. 8 Minuten köcheln, bis die Sellerie weich und die Gemüsebrühe fast verdampft ist. Mit dem Mixstab die Sellerie-Gemüsebrühe mit dem Zitronensaft fein pürieren, mit dem Topfen glatt rühren. Mit Salz und Pfeffer abschmecken.

Ofenkartoffeln

Ofen auf 200 ° C vorheizen.

Kartoffeln gut abbürsten, längs halbieren und mit der Schnittfläche nach oben, nebeneinander auf ein Backblech setzen. Schnittflächen leicht salzen und mit Öl beträufeln. Kartoffeln im Ofen ca. 25 Minuten backen. Sellerie-Topfen zu den Kartoffeln reichen.

5.62 Palatschinken mit Spinat und Parmesan

Fördert Ausscheidung, fördert Durchblutung, stärkt Magen-Darm, stärkt Immunsystem, Appetitlosigkeit, Blähungen, Bluthochdruck, Depressionen, Diabetes, Verstopfung, Darmentzündungen

Kalorien p. Portion 329

Kochdauer ca. 25 Min. (+Grundrezept)

Menge	**Zutaten**
100 g.	Vollkornmehl .... empfehlenswert
100 g.	Weizen Mehl .... ja
4 Stück	Huhn Ei .... ja
400 ml.	Kuhmilch (Vollmilch 3,5 % Fett)............................ ja
1 Prise	Salz.. wenig
1 EL	Sonnenblumenöl... ja
1 EL	Olivenöl... ja
1 Stück	Zwiebel weiss .... wenig
1/2 Bund	Petersilie .... ja
150 ml.	Grundrezept für eine Gemüsebrühe nahrhaft........... ja
1/4 TL	Basilikum (frisch) .... ja
1 Prise	Muskatnuss... ja

3 EL	Creme fraiche	.... ja
600 g.	Spinat	.... ja
1 Prise	Salz	.... wenig
1 Prise	Pfeffer (gemahlen)	.... ja
60 g.	Parmesan	.... ja

Kochanleitung:

Mehl, Eier und Milch und eine Prise Salz mit dem Schneebesen glatt rühren. Aus dem Teig Palatschinken auf beiden Seiten knusprig braun braten.

Öl in einem kleinen Topf erhitzen. Kleingeschnittene Zwiebel darin gut weich dünsten. Kleingehackte Petersilie unterrühren, kurz mitdünsten. Mit der Gemüsebrühe aufgießen, mit Basilikum und Muskat würzen. Zugedeckt 15 Minuten köcheln, Creme fraiche dazugeben und alles fein pürieren.

Den gewaschenen tropfnassen Spinat mit etwas Salz in einem geschlossenen Topf bei mäßiger Hitze in 3 Minuten zusammenfallen, in einem Sieb abtropfen lassen und in kleine Stücke schneiden.

Spinat in die Soße rühren, kurz erhitzen. Parmesan untermischen. Die Palatschinken mit dem Cremespinat füllen.

5.63 Paprika-Putenfleisch mit Reis und Salat

Stärkt Blut, stärkt Knochenmark.
Kalorien p. Portion 391
Kochdauer ca. 1 Stunde

Menge	Zutaten	
2 EL	Olivenöl	.... ja
1 Stück	Zwiebel weiss	.... wenig
2 EL	Paprika (Rosenpaprika)	.... ja
800 g.	Huhn Fleisch	.... ja
250 ml.	Wasser	.... ja
1 Prise	Salz	.... wenig
1 EL	Dinkel Vollkornmehl	.... ja
250 g.	Sauerrahm 15% Fett	.... ja
6 Tassen	Wasser	.... ja
1 Tasse	Reis Basmatireis	.... ja
1 Prise	Salz	.... wenig
1 Stück	Kopfsalat	.... empfehlenswert
2 EL	Olivenöl	.... ja
1/2 Stück	Zitrone Saft	.... wenig
2 EL	Kräuter verschiedene	.... ja

Kochanleitung:

Das Öl in einem Topf erhitzen und die Zwiebel darin goldgelb anbraten. Reichlich Paprika über die Zwiebel streuen und sorgsam umrühren, damit er nicht anbrennt. Den Topf beiseite schieben. In einer Kasserolle, die Hühnerteile von einer Seite anbraten; das Fleisch wenden, die Zwiebel aus dem Topf darüber verteilen und die Hühnerteile von der anderen Seite anbraten. Sobald sie eine sattrote Farbe angenommen haben, Gemüsebrühe aufgießen und zum Kochen bringen. Mit Salz abschmecken, die Wärmezufuhr drosseln und die Hühnerteile 45 Minuten beziehungsweise so lange schmoren, bis sie durchgegart sind. Die Geflügelteile samt Garflüssigkeit in eine Schüssel geben und beiseite stellen. 2 bis 3 EL Mehl in die Kasserolle einstreuen und nach und nach die Garflüssigkeit wieder zugeben, dabei ständig rühren, bis die Sauce eingedickt ist. Den Sauerrahm oder Joghurt unterrühren, die Geflügelteile wieder in den Topf geben und nochmals gut durchwärmen, aber nicht kochen.

Den Reis mit dem gesalzenem Wasser zustellen, Aufkochen und ziehen lassen bis der Reis weich ist.

Den Kopfsalat waschen und schleudern. Kleinzupfen und in eine Schüssel geben. In einer Tasse das Ölivenöl, den Zitronensaft, das Salz und frische gehackte Kräuter anrühren und über den Salat gießen.

5.64 Polentaschnitte mit Ratatouille

Stärkt Magen und Milz, lässt Urin und Gallensaft fließen. Harntreibend, unterstützt das Wasserlassen. Fördert Verdauung, hilft Fett zu verdauen, unterstützt das Wasserlassen, reduziert Blutdruck.

Kalorien p. Portion 225
Kochdauer ca. 30 min

Menge	Zutaten	
1 Tasse	Mais Grieß (Polenta)	ja
2 Tassen	Wasser	ja
1 Stück	Aubergine (große)	ja
2 Stück	Zucchini	empfehlenswert
2 Stück	Zwiebel weiss	wenig
4 Stück	Tomate (passiert)	empfehlenswert
2 EL	Olivenöl	ja
1 Prise	Salz	wenig
1 EL gehackte	Petersilie	ja
1/2 TL	Thymian	ja
2 EL gehackte	Zwiebel Frühlingszwiebel	wenig
4 Blätter	Basilikum	ja
2 EL	Parmesan	ja

Kochanleitung:
Doppelte Menge Wasser zu Polenta mit Salz und Öl zum Kochen bringen. Polenta unter ständigem Rühren einrieseln lassen. Vom Feuer nehmen und 20 min quellen lassen. Inzwischen geschnittene Zwiebel in Topf mit heissem Öl geben. Gewürfelte Zucchini, Tomaten und Melanzani dazugeben und ca 20 min dünsten. Basilikum, Thymian, Salz dazugeben.
Blech mit Öl bestreichen, Polenta gleichmäßig auftragen und warten bis es fester wird.
Gekochte Ratatouille auf Polente darübergeben, portionieren und dann für paar min in den Backofen (eventuell mit geriebenen Parmesan).
Mit frischer Petersilie und fein geschnittenen Frühlingszwiebel bestreuen.
Der wertvolle Tipp: Die Polentaschnitten sind ideal für unterwegs

5.65 Putenbrust mit Gemüse (Asiatisch)

Stärkt Blut, baut Milz und Magen auf, stärkt Knochenmark, löst Stagnation, fördert die Verdauung und kuriert Bluthochdruck, befeuchten Lunge und Dickdarm, gegen Depressionen. Reis zur Entwässerung des Körpers bei Übergewicht und Bluthochdruck.
Kalorien p. Portion 535
Kochdauer ca. 45 Min.

Menge	Zutaten	
1 Tasse	Reis Sorte beliebig	ja
6 Tassen	Wasser	ja
200 g	Pute Brustfleisch	empfehlenswert
1 cm.	Ingwer frisch	ja
1 Stück	Knoblauch	ja
2 EL	Sojasauce	ja
2 TL	Weizen Mehl	ja
2 Stück	Zwiebel Frühlingszwiebel	wenig
1/2 Stück	Paprika	empfehlenswert
8 Stück	Champignon	ja
2 EL	Sesamöl	empfehlenswert
1 EL	Sojasauce	ja
1 Prise	Curry	ja
1 Prise	Kurkuma (Gelbwurz)	ja
1 Prise	Chili (Schote oder gemahlen)	ja
2 TL	Cashewnüsse	ja

Kochanleitung:
Reis mit dem Salzwasser zustellen und garen.
Das Putenfleisch in schmale Streifen schneiden. Ingwer und Knoblauch schälen und würfeln. Zusammen mit den Fleischstreifen in eine Schüssel geben. 1 EL Sojasoße mit der Weizenstärke vermischen und glattrühren. Danach über das Fleisch geben und alles 30 Minuten marinieren. Frühlingszwiebeln und Paprika waschen, putzen und in kleine Stücke schneiden. Die Champignons putzen und vierteln. Einen EL des Sesamöls in eine beschichtete Pfanne geben und das marinierte Putenfleisch scharf anbraten und warm stellen. Nun das restliche Öl in die Pfanne geben und das andere Gemüse darin anbraten. Nun das Fleisch dazugeben und mit Sojasoße und den Gewürzen abschmecken. Mit dem Reis anrichten. Die Cashewkerne vor dem Servieren über das Gericht streuen.

5.66 Reis Pesto mit Pinienkerne

Wärmt Magen und Milz, harmonisiert den Darm, stärkt Qi-Funktion, reduziert Feuchtigkeit.
Kalorien p. Portion 274
Kochdauer ca. 30 Min.

Menge	Zutaten	
2 Tassen	Reis Sorte beliebig	ja
1 Liter	Wasser	ja
4 große Zehen	Knoblauch	ja
1 Handvoll	Basilikum	ja
3 EL	Pinienkerne	ja
2 EL	Olivenöl	ja

Kochanleitung:
Den Reis mit gut 1 l Wasser kochen. Den geschälten Knoblauch im Mörser fein zerdrücken oder mit einem Handmixer pürieren. Die Basilikumblätter zufügen und fein zerstampfen, danach die Pinienkerne etwas gröber pürieren. Zuletzt das Öl nach und nach zugeben, bis sich eine dicke Paste bildet. Die Pestosauce mit dem fertigen Reis mischen.

5.67 Reisnudelsuppe mit Shiitakepilzen

Sehr leicht und kräftigend; stärkt das Immunsystem.
Kalorien p. Portion 65
Kochdauer ca. 20 Min. (+Grundrezept)

Menge	Zutaten	
2 Handvoll	Reisnudeln	ja
4-6 Stück	Shiitake, getrocknet	ja
2 Tassen	Grundrezept für eine Gemüsebrühe nahrhaft	ja

1 Tasse	Chinakohl	empfehlenswert
1 TL	Liebstöckel	ja
2 EL	Miso	ja

Kochanleitung:

Reisnudeln und Shiitakepilze getrennt in kaltem Wasser einweichen. Gemüsebrühe erhitzen und eingeweichte, in Streifen geschnittene Shiitakepilze zugeben und sanft köcheln. Chinakohl nudelig schneiden, Liebstöckelgrün und Reisnudeln dazugeben und kurz ziehen lassen. Vor dem Servieren in etwas abgekühltem Kochwasser gelöstes Miso einrühren.

Empfehlung: Geeignet zu Beginn jeder Mahlzeit, auch zum Frühstück

5.68 Rindfleisch-Kürbis-Gemüse-Eintopf

Lindert Entzündungen, verbessert Verdauung, reduziert Blutzucker, stärkt Muskeln, Sehnen und Knochen, fördert Verdauung.
Kalorien p. Portion 369
Kochdauer ca. 1 Stunde (+Grundrezept)

Menge	**Zutaten**	
350 g.	Rind Fleisch	ja
350 g.	Kürbis	ja
150 g.	Lauch (Porree)	ja
350 g.	Kartoffel	ja
150 g.	Tomate	empfehlenswert
2 EL	Olivenöl	ja
125 g.	Grundrezept für eine Gemüsebrühe nahrhaft	ja
1 Prise	Salz	wenig
1 Prise	Pfeffer (gemahlen)	ja
1 TL	Rosenpaprika Pulver	ja
1 Prise	Kümmel gemahlen	ja
1 Prise	Zucker Ursüße (Zuckerrohr) süß	wenig
1/2 Bund	Petersilie	ja
4 Scheiben	Weißbrot (Weizenbrot)	wenig

Kochanleitung:

Rindfleisch in Würfel schneiden. Kürbis schälen und würfeln. Porree in Ringe schneiden und geschälte Kartoffeln würfeln.

Die Tomaten mit kochendem Wasser überbrühen, Haut abziehen und würfeln. Fleisch in Olivenöl andünsten und mit Gemüsebrühe auffüllen. Das geputzte Gemüse dazugeben. Mit Salz, Pfeffer, Paprika, Kümmel und Fruchtzucker abschmecken.

30 Minuten bei schwacher Hitze schmoren.

Noch einmal würzen und mit Petersilie bestreut und mit Weißbrot servieren.

5.69 Rindfleischsalat

Stärkt Milz und Magen, stärkt Blut, stärkt Muskeln, Sehnen und Knochen, kühlt und befeuchtet, Harntreibend, entgiftet, unterdrückt Umwandlung von Zucker in Fett, senkt Cholesterinspiegel, löst Stagnation.
Kalorien p. Portion 249
Kochdauer ca. 10 Min.

Menge	Zutaten	
50 g.	Rind Fleisch	ja
20 g.	Zwiebel weiss	wenig
30 g.	Paprika	empfehlenswert
30 g.	Gurke (Gewürzgurke)	empfehlenswert
2 TL	Essig (Apfelessig)	ja
2 TL	Rapsöl	empfehlenswert
1 Prise	Salz	wenig
1 Prise	Pfeffer (gemahlen)	ja
1 EL	Lauchzwiebel Schnittlauch	ja
2 Scheiben	Brot mit Johannisbrotkernmehl	ja

Kochanleitung:
Das Fleisch mit dem Grundrezept einer Rinderbrühe kochen und auskühlen lassen. In ca. 1 cm große Scheiben schneiden. Zwiebeln in Ringe, Paprikaschote und Gewürzgurke in kleine Würfel schneiden. Alle Zutaten mischen. Salatmarinade herstellen und darüber gießen, abschmecken und durchziehen lassen.

5.70 Rosmarinkartoffeln

Kartoffel stärkt Milz, lindert Entzündungen, verbessert Verdauung, regeneriert Haut, unterstützt das Wasserlassen, senkt Cholesterinspiegel
Rosmarin fördert Verdauung, stärkt Lunge, Milz und Niere, trocknet aus
Kalorien p. Portion 188
Kochdauer ca. 30 Min.

Menge	Zutaten	
6-8 Stück	Kartoffel	ja
1 Prise	Salz Kräutersalz	ja
1 EL	Olivenöl	ja
1 TL	Rosmarin	ja

Kochanleitung:
Kartoffeln in der Länge halbieren, wenig Olivenöl auf die Schnittfläche streichen, salzen, 2 - 3 Rosmarinnadeln auf jede halbe Kartoffel streuen, Kartoffeln auf Backblech stellen und im vorgeheizten Backofen ca. 25 Minuten auf 190 Grad backen.

5.71 Rührei mit Rucola und Kräutern

Beruhigt Nerven und Magen, fördert Verdauung, entgiftet, stärkt Säfteproduktion, treibt Schweiß, reduziert Blutfett, regt an, löst Stagnation, regt Leberfunktion an, harmonisiert Leber und Milz, stärkt Sehkraft, entgiftet.

Kalorien p. Portion 360
Kochdauer ca. 10 Min

Menge	Zutaten	
2 EL	Butter Bio	ja
1 Messerspitze	Ingwer frisch	ja
2 Stück	Huhn Ei	ja
1 Prise	Pfeffer (gemahlen)	ja
1 Prise	Koriander	ja
2 EL	Petersilie	ja
2 Handvoll	Rucola (Rauke)	empfehlenswert
1 TL	Oregano getrocknet	ja
1 Prise	Bohnenkraut	empfehlenswert

Kochanleitung:
In einer heißen Pfanne ein Stück Butter schmelzen; etwas Ingwer kleingeschnitten kurz anbraten; 1 Ei aufgeschlagen, Pfeffer frisch gemahlen, eine Prise Koriander, Bohnenkraut, etwas Salz, Petersilie gehackt, Rucola und Oregano kleingeschnitten unterrühren, bis das Ei stockt, aber noch saftig ist.
Dazu passt: Hirse, Polenta, Kartoffeln, getoastetes Brot. Bekömmlicher ist das Gericht jedoch ohne Kohlehydrate.

5.72 Russischer Kasha mit Weißkohl

Fördert Verdauung, lindert Schmerzen, entgiftet, fördert Verdauung, fördert Appetit, löst Stagnation, regt Blutproduktion und Stoffwechsel an, baut Fett ab.

Kalorien p. Portion 250
Kochdauer ca. 30 Min.

Menge	Zutaten	
1 Tasse	Buchweizen Vollkorn	ja
2 Tassen	Wasser	ja
1 Prise	Muskatnuss	ja
1 Prise	Salz	wenig
1 EL	Petersilie	ja
1 Prise	Kümmel	ja
1 TL	Butter Bio	ja
1 Handvoll	Weißkohl/Weißkraut	empfehlenswert

Kochanleitung:
Buchweizen trocken goldgelb rösten; kochendes Wasser zugießen, kurz aufkochen und dann quellen lassen, bis er weich ist; Weißkohl fein raspeln und unterheben mit Muskat, etwas Salz würzen; am Schluss etwas Petersilie, Kümmel und Butter hinzufügen.

5.73 Schwarze Bohnen mit Avocado

Entzündungen, Schwellungen, Schmerzen. Unterstützt das Wasserlassen, senkt den Cholesterinspiegel, beugt Arteriosklerose vor. Fördert Durchblutung, stärkt Muskeln. Fördert Verdauung, entgiftet, treibt Schweiß, reduziert Blutfett, regt an, löst Stagnation.
Kalorien p. Portion 263
Kochdauer ca. 1 Stunde

Menge	Zutaten	
1 Tasse	Schwarze Bohnen	ja
4 Tassen	Wasser	ja
1 Spritzer	Zitrone	wenig
1 Prise (Pulver)	Boxhornkleesamen	ja
1 EL	Sesamöl	empfehlenswert
1 TL	Ingwer frisch	ja
2 cm.	Wakame	ja
1 Schuß	Sojasauce	ja
1 Stück	Avocado	ja

Kochanleitung:
Vorbereitung am Vortag: 2 Tassen schwarze Bohnen in etwa 6 Tassen kaltem Wasser 6- 8 Stunden einweichen.

Danach - ebenfalls am Vortag: Einweichwasser wegschütten; die schwarzen Bohnen mit 4 Tassen frischem kaltem Wasser aufsetzen; einen Spritzer Zitronensaft, etwas Bockshornkleesamenpulver, 1 EL Sesamöl, 1 TL geriebenen Ingwer zufügen; ein Stück Wakame oder 1 EL Hijiki dazugeben; etwa 45 Minuten köcheln lassen; mit dem Pürierstab pürieren; mit reichlich Sojasoße abschmecken.

Am Morgen: ½ Avocado pro Portion schälen und in Schiffchen schneiden; zusammen mit der warmen Bohnenpaste servieren.

Hinweis: Die schwarzen Bohnen können für 2 - 3 Tage vorgekocht werden, um dann mit wenig Aufwand als Frühstück oder für andere Mahlzeiten verwendet zu werden.

5.74 Schwarzwurzel mit Joghurt

Regen Niere, Blase und damit die Reinigung des Körpers an. Sie stimulieren im physiologischen Sinne allgemein die Drüsen im Organismus. Gut bei akuter oder chronischer Verstopfung des Darmes. Vitamine, Spurenelemente.
Kalorien p. Portion 284
Kochdauer ca. 20 min

Menge	Zutaten	
1/2 Kg.	Schwarzwurzel	ja
4 EL	Joghurt (Natur, 1,5 % Fett)	empfehlenswert
1 Prise	Salz	wenig
2 EL	Kräuter verschiedene	ja
6 Scheiben	Mehrkornbrot (Graubrot)	ja

Kochanleitung:
Schwarzwurzel schälen und in Salzwasser kochen bis sie weich sind. Das Wasser wegschütten, Schwarzwurzel auskühlen lassen und klein schneiden. Mit Joghurt übergießen und mit frischen Kräutern bestreuen. Mit dem Mehrkornbrot servieren.

5.75 Spargelcremesuppe

Harntreibend, fördert Durchblutung, produziert Körpersäfte, beugt Krebs vor, führt ab, antiparasitisch, regt Leberfunktion an, Appetitlosigkeit, Blähungen, Rheuma, Sodbrennen.
Kalorien p. Portion 240
Kochdauer ca. 45 Min.

Menge	Zutaten	
200 g	Spargel (grün oder weiß)	empfehlenswert
1/2 Liter	Wasser	ja
3 EL	Rapsöl	empfehlenswert
2 EL	Weizen Mehl	ja
1 Stück	Huhn Eigelb	wenig
1 EL	Kuhmilch (Vollmilch 3,5 % Fett)	ja
1 EL	Sauerrahm 15% Fett	ja
1 Prise	Pfeffer (gemahlen)	ja
1 Prise	Muskatnuss	ja
1 TL	Zitrone Saft	wenig
2 EL	Petersilie	ja
1 Prise	Salz	wenig

Kochanleitung:
Den Spargel waschen und schälen. Wasser, etwas Zitronensaft und Prise Salz zum Kochen bringen. Die Spargelstangen zusammenbinden. Spargelschalen ins Kochwasser geben und aufkochen lassen. Den

Spargel in die kochende Flüssigkeit geben, auf kleiner Hitze ca. 20 Minuten garen lassen. Danach die Spargelbündel herausnehmen und den Sud durch ein Sieb gießen.
Für die Einbrenn, das Öl in einem Topf erhitzen, das Mehl dazu geben und farblos anschwitzen, mit dem Spargelsud langsam auffüllen und 10 Minuten köcheln lassen.
Die Spargelstangen in ca. 3 cm lange Stücke schneiden und unter die abgebundene Suppe geben. Kurz vor dem Servieren die Suppe nochmals aufkochen lassen. Das Eigelb mit der Milch und Sauerrahm verrühren.
Den Topf vom Herd nehmen und danach das Eigelb-Milch-Gemisch unterrühren. Mit Pfeffer und Muskat abschmecken, mit der gehackten Petersilie dekorieren und sofort servieren.

5.76 Spinat mit Sesmammus (Tahin)

Fördert Ausscheidung, fördert Durchblutung, stärkt Magen-Darm, reinigt Blut, verbessert Bauchspeicheldrüsenfunktion. Verbessert Verdauung, regeneriert Haut, unterstützt das Wasserlassen, senkt Cholesterinspiegel. Sanftes Abführmittel.
Kalorien p. Portion 150
Kochdauer ca. 20 Min.

Menge	Zutaten	
500 g.	Kartoffel	ja
1 Prise	Salz	wenig
1/4 Liter	Wasser	ja
1 Kg	Spinat	ja
2 EL	Sesam Paste (Tahini)	ja

Kochanleitung:
Kartoffeln kochen und schälen. Wasser erhitzen. Spinat blanchieren. Wasser abschütteln und trocknen lassen und mit Sesammus verrühren.

5.77 Süsskartoffelpuffer mit Basilikum-Pesto

Stärkt das Immunsystem, baut Fett ab, verbessert die Verdauung. Beruhigt Nerven und Magen, löst Steine. Fördert Durchblutung, stärkt Muskeln, antioxidativ.
Kalorien p. Portion 625
Kochdauer ca. 30 Min.

Menge	Zutaten	
4 Stück	Süßkartoffel	ja
1/2 Stück	Zwiebel rot	wenig
1 EL	Basilikum	ja

2 Stück	Huhn Ei	ja
80 g.	Dinkel Vollkornmehl	ja
1 Prise	Salz	wenig
60 ml.	Olivenöl	ja
1 TL (grobes)	Salz	wenig
1 Handvoll	Basilikum	ja
1 Handvoll	Petersilie	ja
2 Zehen	Knoblauch	ja
60 g.	Walnüsse	empfehlenswert
2 EL	Olivenöl	ja

Kochanleitung:
Süßkartoffelpuffer: Die Süßkartoffel gründlich waschen, aber nicht schälen und in eine große Schüssel raspeln. Zwiebel, Basilikum, Ei und Mehl zugeben, alles gut miteinander vermengen und dann etwas Salz drüberstreuen. Die Mischung ist locker, lässt sich aber zu Puffern formen. Im vorgeheizten Rohr auf einem mit Öl bestrichenen Backblech von beiden Seiten jeweils 4 bis 5 Minuten backen.
Basilikum-Pesto: Das Salz, die kleingehackten Basilikum und Petersilie sowie den gequetschten Knoblauch in einer kleinen Schüssel mit einem Löffel verreiben (wenn vorhanden den Mörser verwenden). Die geriebenen Walnüsse dazugeben. Unter ständigem Rühren soviel Olivenöl zumengen, bis die gewünschte Konsistenz erreicht wird.

5.78 Szegediner Fischgulasch

Stärkt Milz, Magen und Nieren, Verdauungsstörungen, löst Stagnation, reduziert Blutdruck, bakterizid, stärkt Immunsystem.
Kalorien p. Portion 280
Kochdauer ca. 30 Min. (+Grundrezept)

Menge	Zutaten	
200 g	Kabeljau	empfehlenswert
1/4 Stück	Zitrone	wenig
40 g.	Schwein Schinkenspeck	ja
2 Stück	Zwiebel Frühlingszwiebel	wenig
250 g.	Sauerkraut	ja
2 EL	Tomatenmark	ja
150 ml	Grundrezept für eine Gemüsebrühe nahrhaft	ja
1 Prise	Salz	wenig
1 Prise	Rosenpaprika Pulver	ja
1 Prise	Kümmel gemahlen	ja
1 Prise	Pfeffer (gemahlen)	ja
1 TL	Dinkel Vollkornmehl	ja
2 Scheiben	Brot mit Johannisbrotkernmehl	ja

Kochanleitung:
Die Fischfilets säubern, mit Zitrone säuern, salzen.
Den Schinkenspeck in einer tiefen, großen Pfanne anrösten. Die
feingeschnittenen Zwiebeln dazugeben, kurz mitrösten. Sauerkraut und
das Tomatenmark hinzufügen. Mit Gemüsebrühe auffüllen und ca. 10
bis 15 Minuten bei geschlossenem Deckel dünsten.
Vorbereitete Fischwürfel auf das Sauerkraut legen. Mit Paprika,
Kümmel, Pfeffer würzen und noch ca. 10 Minuten bei kleiner Hitze
dünsten.
Mit etwas Mehl oder Stärkemehl binden.
Mit Brot servieren.

5.79 Tafelspitz nach klassischer Art

Stärkt Milz und Magen, stärkt Blut, stärkt Muskeln, Sehnen und
Knochen. Verbessert Verdauung, regeneriert Haut, unterstützt das
Wasserlassen, senkt Cholesterinspiegel.
Kalorien p. Portion 453
Kochdauer ca. 3 Stunden

Menge	Zutaten	
1 Stück	Zwiebel weiss	wenig
1 EL	Maiskeimöl	empfehlenswert
3 1/2 l.	Wasser	ja
2 Kg Tafelspitz	Rind Fleisch	ja
4-6 Scheiben	Rind Fleischknochen (mit Mark)	ja
1 Prise	Salz	wenig
15 Stk.	Pfeffer Körner	ja
1 Stück	Pastinake	ja
2 Stück	Karotte (Mohrrübe, Möhre)	empfehlenswert
1 Scheibe	Sellerie Knolle	empfehlenswert
2 Stück	Petersilienwurzel	ja
1/2 Stange	Lauch (Porree)	ja
1 EL gehackte	Lauchzwiebel Schnittlauch	ja
1 Kg	Kartoffel	ja
2 EL	Sonnenblumenöl	ja
1 Prise	Salz	wenig

Kochanleitung:
Zwiebeln halbieren, aber nicht schälen. Zwiebeln in einer Pfanne mit
Fett an den Schnittflächen sehr dunkel bräunen. Fleisch und Knochen
kurz mit warmen Wasser waschen, abtropfen lassen.
Wasser aufkochen, Fleisch einlegen und schwach wallend kochen.
Aufsteigenden Schaum ständig abschöpfen. Sobald kein Schaum mehr
aufsteigt, Pfefferkörner und die Zwiebel zugeben. Wurzelwerk und

Lauch putzen und nach ca. zweieinhalb Stunden Garzeit zugeben. Tafelspitz noch eine weitere halbe Stunde köcheln lassen. Tafelspitz aus der Suppe heben, durch ein Sieb gießen und mit Salz abschmecken. Wurzelwerk in mundgerechte Stücke schneiden. Gemeinsam mit den Markknochen in die Suppe geben und unter dem Siedepunkt ziehen lassen. Tafelspitz gegen den Faserlauf in fingerdicke Scheiben schneiden, in die Suppe legen, nochmals erhitzen, mit ein wenig Schnittlauch bestreuen.
Nebenbei die Kartoffeln in Salzwasser garen und schälen. Grob stampfen oder feinwüfelig schneiden. In einer Pfanne mit dem Öl knusprig anbraten.

5.80 Tee Grüner

Grüner Tee fördert Verdauung, unterstützt das Wasserlassen, löst Schleim, entgiftet, regt Nerven an, reduziert Blutfett, senkt Cholesterinspiegel, lindert Entzündungen.
Kalorien p. Portion 2
Kochdauer ca. 10 Min.

Menge	Zutaten	
1 TL	Grüner Tee	ja
1 Tasse	Wasser	ja

Kochanleitung:
Pro Tasse verwendet man einen Teelöffel voll oder einen Teebeutel. Grüntee nur mit 60 bis 80 °C heißem Wasser übergießen, da er sonst bitter wird.
Soll der Tee eine anregende Wirkung haben, lässt man ihn zwei bis drei Minuten ziehen. Eher beruhigend wirkt er bei einer Ziehdauer von fünf Minuten (nicht länger, sonst wird er bitter!).
Eine andere Methode: Man übergießt die Teeblätter mit ca. 70 °C heißem Wasser und gießt das Wasser sofort wieder ab. Dann einfach noch mal heißes Wasser nachgießen. Die Bitterstoffe verschwinden und der Tee bekommt ein milderes Aroma.

5.81 Tofu-Schwarzbohnen-Chili mit Reis

Unterstützt das Wasserlassen, senkt den Cholesterinspiegel, beugt Arteriosklerose vor. Zur Entwässerung des Körpers bei Übergewicht und Bluthochdruck, stärkt Immunsystem.
Kalorien p. Portion 343
Kochdauer ca. 45 Min. (+Grundrezept)

Menge	Zutaten	
60 ml.	Rapsöl	empfehlenswert
2 Stück	Zwiebel weiss	wenig
1 Stück	Paprika	empfehlenswert
1/2 EL	Chili (Schote oder gemahlen)	ja
1 Prise	Pfeffer Cayenne	ja
1 TL	Koriander	ja
1 TL	Thymian	ja
1 TL	Nelke	ja
2 EL	Dinkel Vollkornmehl	ja
1 EL	Sherry	wenig
250 g.	Soja Tofu	ja
2 Dosen (400g)	Schwarze Bohnen	ja
350 ml.	Grundrezept für eine Hühnerbrühe wärmend	ja
1 Stück	Lorbeerblatt	ja
6 Stück	Knoblauch	ja
6 Tassen	Wasser	ja
1 Tasse	Reis Basmatireis	ja

Kochanleitung:
In einem großen Topf das Öl bei mittlerer Temperatur erhitzen, Zwiebeln, Paprika und Chilipulver hineingeben und 2 Minuten braten, bis die Zwiebeln glasig sind. Die übrigen Gewürze dazugeben, unter ständigem rühren mitrösten, bis das Aroma aufsteigt. Das Mehl darüberstäuben, 2 Minuten mitrösten und darauf achten, dass die pastenartige Gewürzmischung nicht anbrennt. Mit Sherry ablöschen, die schwarzen Bohnen (Dose) hineingeben und mit den Gewürzen verrühren. Mit der Hühnerbrühe aufgießen, das Lorbeerblatt hinzufügen und den gehackten Knoblauch unterrühren. Die Bohnen 30 Minuten köcheln lassen und bei Bedarf noch etwas Hühnerbrühe aufgießen. Während der letzten 10 Minuten die Tofuwürfel mitgaren. Der Tofu kann leicht zerfallen und sollte deshalb sehr behutsam mit einem Holzlöffel untergehoben werden. Zum Schluss das Lorbeerblatt herausfischen und das Tofu-Schwarzbohnen-Chili mit Reis servieren.

5.82 Überbackenes Chicoréegemüse

Mineralstofflieferant und steckt voller A-B-C Vitamine, befeuchtet Darm.
Kalorien p. Portion 230
Kochdauer ca. 20 Min.

Menge	Zutaten	
4 Stück	Chicorée	empfehlenswert
2 EL	Sahne, süß 30%	wenig
2 EL	Brösel (Weizenbrot, Semmel)	ja

1/2 Tasse	Reis Basmatireis..ja
3 Tassen	Wasser...ja
1 Prise	Salz... wenig

Kochanleitung:
In heißem Wasser Chicorée im Ganzen etwa 5 Minuten blanchieren; in
eine Auflaufform geben; etwas süße Sahne darübergeben;
Semmelbrösel über den Chicoree geben und überbacken.

Den Reis im gesalzenen Wasser zustellen, aufkochen lassen und bei
kleiner Hitze ca. 15 Min. Quellen lassen.

5.83 Ungarischer Reissalat

Fördert Verdauung, hilft Fett zu verdauen, unterstützt das
Wasserlassen, reduziert Blutdruck, stärkt Niere und Blase,
Harntreibend, erwärmt den Körper von innen, erweitert die Gefäße,
stärkt die Muskeln, reguliert Innenorganfunktionen.
Kalorien p. Portion 421
Kochdauer ca. 25 Min.

Menge	Zutaten	
1/2 Tasse	Reis Vollkorn..................................... empfehlenswert
3 Tassen	Wasser...ja
1 Prise	Salz... wenig
100 g.	Tomate.. empfehlenswert
50 g.	Paprika.. empfehlenswert
30 g.	Champignon ....ja
30 g.	Edamer ....ja
45 g.	Joghurt (Natur, 1,5 % Fett) .... empfehlenswert
1 Prise	Salz... wenig
1 EL	Kräuter verschiedene..ja
2 EL	Rapsöl... empfehlenswert
1 TL	Senf ....ja
1 Prise	Pfeffer (gemahlen) ....ja

Kochanleitung:
Reis in reichlich kochendem Salzwasser körnig weich kochen und
abtropfen lassen. Tomaten und Paprikaschote waschen und entkernen.
Beide klein würfeln. Champignons (aus der Dose oder mit Rapsöl kurz
anrösten) und Käse in kleine Würfel schneiden und zum Reis geben.
Marinade herstellen und mit den Zutaten vermischen, Kühl stellen und
mindestens eine Stunde durchziehen lassen.

5.84 Weizengrießnockerl mit Olivenkräutersauce und Salat

Schont die Verdauungsorgane. entgiftend, Wirkt bei Appetitlosigkeit, Blähungen, Darmentzündungen, Fettsucht, Gicht, Magengeschwüre, Magenkrämpfe, Rheuma, Sodbrennen, löst Stagnation.
Kalorien p. Portion 244
Kochdauer ca. 15 Min. (+Grundrezept)

Menge	Zutaten	
40 g.	Sahne, süß 30%	wenig
65 ml	Wasser	ja
100 g.	Weizen Grieß	ja
1 Stück	Huhn Ei	ja
1 Prise	Pfeffer (gemahlen)	ja
1 Prise	Zitrone Schale	wenig
1 Stück	Zwiebel weiss	wenig
1 TL	Olivenöl	ja
1 EL	Lauchzwiebel Schnittlauch	ja
500 ml	Grundrezept für eine Gemüsebrühe nahrhaft	ja
2 Handvoll	Kopfsalat	empfehlenswert
1 TL	Olivenöl	ja
1 TL	Zitrone Saft	wenig
1 TL	Oregano frisch	ja

Kochanleitung:
Sahne und Wasser mischen und zum Kochen bringen. Den Weizengrieß einrühren und zu einem dicken Brei kochen und vom Herd nehmen. Das Ei verquirlen und unterrühren, mit Pfeffer etwas geriebener Zitronenschale würzen. Mit 2 Kaffeelöffel, Nockerl formen und in der leicht kochenden Gemüsebrühe ziehen lassen, bis die Nockerl oben schwimmen.
Die Zwiebel klein hacken und im Olivenöl in einer Pfanne rösten, die Grießnockerl darin schwenken und auf Teller geben, mit fein geschnittenem Schnittlauch bestreuen.
Salat waschen und in feine Streifen schneiden. Mit Olivenöl, Zitronensaft und Oregano würzen.

5.85 Zucchini mit Basilikum-Pesto

Blähungen und Übelkeit, entkrampfend und beruhigend, fördert Verdauung, stärkt Magen und Verdauungssystem, entgiftet, bakterizid, stärkt Muskeln und Knochen, Harntreibend, löst Stagnation.
Kalorien p. Portion 467
Kochdauer ca. 25 Min. (+Grundrezept)

Menge	Zutaten	
1 Bund	Basilikum (frisch)	ja
1 EL	Olivenöl	ja
1 EL	Mandeln	ja
30 g.	Parmesan	ja
3 EL	Grundrezept für eine Gemüsebrühe nahrhaft	ja
1 TL	Zitrone Schale	wenig
1 TL	Zitrone	wenig
2 TL	Oregano getrocknet	ja
1 Prise	Kümmel	ja
1 Prise	Salz	wenig
1 Prise	Pfeffer (gemahlen)	ja
200 g.	Nudeln (Weizen, Spagetti) mit Ei	ja
1 Prise	Salz	wenig
1 EL	Olivenöl	ja
2 Stück	Zwiebel Frühlingszwiebel	wenig
250 g.	Zucchini	empfehlenswert

Kochanleitung:

Basilikum, Olivenöl, gerieben Mandel, Parmesan, Gemüsebrühe und geriebene Zitronenschale zu einer glatten, geschmeidigen Cremepürieren. Pesto mit Salz, Oregano, Kümmel und Pfeffer abschmecken.

Die Spaghetti mit etwas Salz in reichliche Wasser bissfest kochen.

Olivenöl in einer Pfanne erhitzen und die Frühlingszwiebeln unter Rühren weich braten. Zucchini dazugeben und kurz unter Rühren mitbraten. Die Zucchini sollen weich mit Biss sein. Zucchini mit Salz abschmecken.

In einer Schüssel die gut abgetropften Spaghetti mit den Zucchini und dem Pesto vermischen. Spaghetti mit Salz und Pfeffer abschmecken.

6 Wirkung der Lebensmittel

6.1 Zutaten verwenden: empfehlenswert

(Kalorien pro 100g.)

Acaipulver	393
Blattsalate (bitter)	16
Blumenkohl (Karfiol)	27
Bohnen (grün, frisch)	35

6.2 Zutaten verwenden: ja

6.3 Zutaten verwenden: wenig

6.4 Kontraindikativ wirkende Lebensmittel nicht verwenden

Acerola Fruchtnektar oder
Pulver
Ananas
Ananas (aus der Dose)

Ananassaft ungezuckert
Apfel (sauer)
Apfel (süß)
Apfelmus

Apfelsaft (Naturtrüb)
Aprikose
Aprikose getrocknet
Aprikosen Marmelade
Aprikosennektar
Astronautenkost
Banane
Banane Kochbanane
Birne
Birnensaft
Clementinen
Datteln getrocknet
Datteln rot
Erdbeere
Erdbeermarmelade
Erdbeersaftgetränk
Feige
Feige getrocknet
Gagelpflaume
Ginkgofrucht
Granatapfel
Grapefruit/Pampelmuse
Grapefruitsaft
Hagebutte
Heidelbeersaft
Honigmelone
Johannisbeernektar (schwarz)
Kaki-Pflaume
Kaktusfeige
Karambole/Sternfrucht
Kirsche
Kirsche (sauer)
Kirschenkompott
Kirschsaft
Kiwi
Klementine
Kompott (Früchte der Saison)
Korinthen (rot)

Korinthen (schwarz)
Luohan-Frucht
Lychee
Lychee (Konserve)
Mandarine
Mango
Mangosaft
Marillen
Marillensaft
Maulbeerfrucht
Mirabelle
Mispel
Nektarine
Orange
Orange getrocknete Schale
Orangenmarmelade
Orangensaft
Papaya
Passionsfrucht (Maracuja)
Pfirsich
Pfirsich (Dose)
Pflaume
Pflaume getrocknet
Quitte
Reineclaude
Rosinen
Rote Grütze (ohne Zucker)
Sauerkirsche
Trauben rot
Trauben weiß
Traubensaft rot
Traubensaft weiß
Wassermelone
Zitrone, Limette
Zucker Fructose Fruchtzucker
Zucker Glukose Traubenzucker
Zwetschken

7 Therapeutische Kräuter und deren Wirkungen

7.1 keine definiert

8 Kräuter aus den Rezepten und deren Wirkungen

8.1 Basilikum (frisch)

Wirkt wohltuend bei Blähungen und Übelkeit, entkrampfend und beruhigend.
Trocknet aus, leitet nach unten.

8.2 Beifuß

Reduziert Blutungen, lindert Schmerzen. In der Küche wird Beifuß als Gewürz für fettes Essen benutzt. Da er viele Bitterstoffe enthält, kurbelt er die Fettverbrennung an und fördert die Verdauung.

8.3 Bohnenkraut

Magenstärkend und antibakteriell, beruhigend und appetitanregend.
Stärkt die Abwehr.
Tonisiert das Nieren-Yang, das Herz-Qi, den Magen und das Milz-Qi und erwärmt die Mitte, bewegt das Leber-Qi und das Blut, leitet Schleim und Kälte aus der Lunge, öffnet die Oberfläche, leitet Wind-Kälte aus.

8.4 Brennnessel

Fördert Wasserlassen, Tee oder Pflanzensaft wirkt blutreinigend, entschlackend, reinigt die Nieren, unterstützend bei Prostatabeschwerden, hemmen die Bildung von Entzündungsstoffen, wirkt schmerzlindernd.
Senkt Qi ab, trocknet aus, leitet nach unten.

8.5 Dill

Gegen Blähungen, krampflösend bei Magen-Darm-Beschwerden
Bewegt Qi, löst Stagnation, leitet nach oben.

8.6 Kamille

Stärkt Sehkraft.
Reduziert inneren Wind und Hitze, kühlt Leber.

9 Grundlagen der Ernährung

Die hier beschriebenen Grundlagen der Ernährung zeigen allgemeine Empfehlungen und beziehen sich nicht auf eine spezielle Therapieform. Die Empfehlungen der Therapie haben Vorrang.

9.1 Ernährung

Die regelmäßige Einnahme von Mahlzeiten in entspannter Atmosphäre. Ein wärmendes Frühstück gilt als guter Start in den Tag. Mittags sollte die Hauptmahlzeit stattfinden - das Abendessen am frühen Abend.

Die Beachtung von Hunger- und Sättigungsgefühlen: Nicht überessen und nicht hungern, so lautet die Regel.

Die frische Zubereitung der Speisen aus naturbelassenen, regionalen Produkten. Tiefgekühlte, hitzekonservierte, industriell vorgefertigte oder mikrowellengegarte Lebensmittel werden abgelehnt.

Die Auswahl von Lebensmittel nach der Jahreszeit: Im Sommer mehr kühlende Nahrung, im Winter mehr wärmende Nahrung.

Mindestens zweimal am Tag Gekochtes essen. Speisen und Getränke sollen möglichst handwarm, niemals eiskalt oder heiß sein.

Rohkost, kurz gegartes Gemüse, frisch gepresste Säfte und Mineralwasser werden üblicherweise nicht empfohlen. Milch und Milchprodukte stehen nur dann auf dem Speiseplan, wenn sie problemlos vertragen werden.

Therapeutische Rezepte nicht über einen längeren Zeitraum ohne Rücksprache mit dem Arzt oder Therapeuten einnehmen.

1. Vielseitig essen
Lebensmittelvielfalt genießen. Merkmale einer ausgewogenen Ernährung sind abwechslungsreiche Auswahl, geeignete Kombination und angemessene Menge nährstoffreicher und energiearmer Lebensmittel. (Einerseits Schutz vor Unterversorgung mit essentiellen Nährstoffen und andererseits Schutz vor einer überhöhten Zufuhr unerwünschter Inhaltsstoffe.)

2. Reichlich Getreideprodukte - und Kartoffeln
Brot, Nudeln, Reis, Getreideflocken (am besten aus Vollkorn), sowie

Kartoffeln enthalten kaum Fett, aber reichlich Vitamine, Mineralstoffe, Spurenelemente sowie Ballaststoffe und sekundäre Pflanzenstoffe. Diese Lebensmittel sollten mit möglichst fettarmen Zutaten verzehrt werden.

3. Gemüse und Obst - Nimm "5" am Tag ...
5 Portionen Gemüse und Obst am Tag, möglichst frisch, nur kurz gegart, oder auch eine Portion als Saft – idealerweise zu jeder Hauptmahlzeit und auch als Zwischenmahlzeit: Damit werden reichlich Vitamine, Mineralstoffe sowie Ballaststoffe und sekundären Pflanzenstoffe (z.b. Carotinoiden, Flavonoiden) zugeführt. Das Beste, was man für die eigene Gesundheit tun kann.

4. Täglich Milch und Milchprodukte, ein- bis zweimal in der Woche
Fisch; Fleisch, Wurstwaren sowie Eier in Maßen. Diese Lebensmittel enthalten wertvolle Nährstoffe, wie z.b. Calcium in Milch, Jod, Selen und Omega-3-Fettsäuren in Seefisch. Fleisch ist wegen des hohen Beitrags an verfügbarem Eisen und an den Vitaminen B1, B6 und B12 vorteilhaft. Mengen von 300 - 600 g Fleisch und Wurst pro Woche reichen hierfür aus. Fettarme Produkte bevorzugen, vor allem bei Fleischerzeugnissen und Milchprodukten.

5. Wenig Fett und fettreiche Lebensmittel
Fett liefert lebensnotwendige (essenzielle) Fettsäuren und fetthaltige Lebensmittel enthalten auch fettlösliche Vitamine. Fett ist besonders energiereich, daher kann zu viel Nahrungsfett Übergewicht fördern, möglicherweise auch Krebs. Zu viele gesättigte Fettsäuren fördern langfristig die Entstehung von Herz-Kreislauf-Krankheiten. Pflanzliche Öle und Fette bevorzugen (z.B. Raps-, Oliven- und Sojaöl und daraus hergestellte Streichfette). Auf unsichtbares Fett achten, das in Fleischerzeugnissen, Milchprodukten, Gebäck und Süßwaren sowie in Fast-Food- und Fertigprodukten meist enthalten ist. Insgesamt 70 - 90 Gramm Fett pro Tag reichen aus.

6. Zucker und Salz in Maßen
Nur gelegentlich Zucker und Lebensmittel, bzw. Getränke verzehren, die mit verschiedenen Zuckerarten (z.B. Glucosesirup) hergestellt wurden. Kreativ mit Kräutern und Gewürzen und wenig Salz würzen. Jodiertes Speisesalz bevorzugen.

7. Reichlich Flüssigkeit
Wasser ist absolut lebensnotwendig. Jeden Tag rund 1-2 Liter Flüssigkeit trinken. Wasser (ohne oder mit Kohlensäure) und andere kalorienarme Getränke bevorzugen. Alkoholische Getränke sollten nicht konsumiert

werden.

8. Schmackhaft und schonend zubereiten

Die jeweiligen Speisen bei möglichst niedrigen Temperaturen garen, soweit es geht kurz, mit wenig Wasser und wenig Fett - das erhält den natürlichen Geschmack, schont die Nährstoffe und verhindert die Bildung schädlicher Verbindungen.

9. Sich Zeit nehmen und das Essen genießen

Bewusstes Essen hilft, richtig zu essen. Auch das Auge isst mit. Sich beim Essen Zeit lassen. Das macht Spaß, regt an, vielseitig zuzugreifen und fördert das Sättigungsempfinden.

10. Auf das Gewicht achten und in Bewegung

Ausgewogene Ernährung, viel körperliche Bewegung und Sport (30 bis 60 Minuten pro Tag) gehören zusammen. Mit dem richtigen Körpergewicht fühlt man sich wohl und fördert die Gesundheit.
Thermik, Wirkrichtung, Verdauungskraft
Es gibt unterschiedliche Kriterien, die Wirksamkeit von Kräutern und Lebensmittel zu beurteilen. Der Einsatz der Kräuter und Zutaten basiert auf Beobachtung, was die Lebensmittel, Kräuter und Gewürze nach ihrem Verzehr im Körper bewirken. In der Medizin hat sich daraus folgendes System entwickelt: Jede Zutat oder Kraut hat eine Wirkrichtung. Außerdem gibt es noch Kräuter, die eine besondere Wirkung auf bestimmte Organe haben.

Voraussetzung für einen gesunden Stoffwechsel ist es, darauf zu achten, dass wir ausreichend Energie aus der Nahrung gewinnen und der Verdauungsprozess so wenig Energie wie möglich verbraucht. Eine bekömmliche Mahlzeit macht zufrieden und satt, verursacht keine Blähungen und keine Müdigkeit nach dem Essen. Richtiges Würzen erhöht die Bekömmlichkeit unserer Speisen. Es genügen oft schon geringe Mengen an Kräutern und Gewürzen. Sie dienen nicht dazu, uns satt zu machen, sondern helfen unseren Verdauungsorganen, die Nahrung zu verdauen.

9.2 Rezepte

Die Rezepte zeigen Ihnen welche Zutaten verwendet werden sowie mit der Kochanleitung wie diese zubereitet werden. Bei den Zutaten wird neben den Mengenangaben auch die Wichtigkeit für die Therapie angezeigt. Wenn dabei angezeigt wird "weniger als angegeben" versuchen Sie diese Empfehlung einzuhalten oder eine Alternative aus der Liste der "Empfohlenen Lebensmittel" zu finden. Meistens ist es nur eine leichte geschmackliche Änderung wenn Sie diese Zutat gänzlich weglassen.

Schonende Kochmethoden: Kochen, dämpfen, pochieren, dünsten
Scharfe Kochmethoden: Grillen, rösten, anbraten, räuchern
Ausgeglichene Kochmethoden: Frittieren, Römertopf

Auf das Einfrieren und erwärmen in der Mikrowelle sollte verzichtet werden (Denaturierung).

9.3 Lebensmittel

Lebensmittel wirken wie Heilkräuter auf Körper und Geist, nur wesentlich sanfter. Die Ernährungsberatung stützt sich hauptsächlich auf heimische Lebensmittel. Das Wissen über die Wirkungsweisen jedes einzelnen Lebensmittels und das Wissen wann welche Lebensmittel zur Anwendung kommen, entstammt der Schulmedizin. Verwende Sie möglichst Erzeugnisse aus ökologischen-biologischem Landbau.

Da wegen der besseren Verdaulichkeit grundsätzlich alles lange gekocht und kaum roh gegessen wird, ist die Verträglichkeit hervorragend.

Die Einteilung der Lebensmittel entsprechend ihrer Wirkung auf den Körper und bildet die Basis, um einen ausgewogenen und harmonischen Gesundheitszustand im Körper zu erreichen.

Grundsätzlich empfiehlt die Ernährungsberatung keine bestimmten Lebensmittel für Jedermann. Ausschlaggebend für den individuellen Speiseplan ist vor allem die persönliche Konstitution.

Kaufen Sie nur frisches und reifes Obst und Gemüse ein. Braune Stellen, welke Blätter aber auch unreifes Obst und Gemüse sollten Sie im Supermarkt zurücklassen. Greifen Sie dann zu Tiefkühlware (keine Fertiggerichte!). Tiefkühlobst und -gemüse werden kurz nach dem Ernten schockgefroren und enthalten deshalb oftmals mehr Vitamine und Mineralstoffe, als die Ware aus der Obst- und Gemüsetheke! Konserven- und Dosenware dagegen enthält wesentlich weniger Biostoffe. Zudem werden Letztere meist mit Salz, Zucker usw. angereichert. Lassen Sie die Zutaten nach dem Waschen nie im Wasser liegen, denn so gehen viele Vitalstoffe ins Wasser über! Putzen Sie Salate, Früchte und Gemüse erst unmittelbar vor Verzehr.

Beachten Sie bitte die hygienische Verarbeitung der Lebensmittel. Waschen Sie Ihre Salate, Früchte und Gemüse gründlich. Bei Gerichten mit Fleisch bereiten Sie zuerst die Zutaten vor und verarbeiten dann die Fleischprodukte. Reinigen Sie danach die Arbeitsflächen und Werkzeuge besonders gründlich. Holzunterlagen sollten regelmäßig mit leichtem Desinfektionsmittel behandelt werden um die Keimbildung einzuschränken.

Bewahren Sie Obst und Gemüse möglichst getrennt voneinander auf. Auch geerntete Früchte und Gemüse leben und strömen z.b. Ethylengas aus, das andere Sorten schneller reifen und altern lässt. Fleisch und Fisch in der verschlossenen Verpackung lassen oder in luftdichten Boxen im Kühlschrank aufbewahren.

9.4 Kräuter

Bei der Aufbewahrung und Lagerung von Heilkräutern, müssen gewisse Grundregeln beachtet werden. Grundsätzlich müssen Heilkräuter geschützt vor direkter Sonneneinstrahlung, vor Feuchtigkeit und vor heißen Temperaturen gelagert werden.

Als Gefäße für die Lagerung von Heilkräutern können Gläser, Keramik-Behälter und zur Not auch Plastik-Dosen eingesetzt werden. Plastik ist aber ein sehr unreines Material und sollte daher wirklich nur eine kurzfristige Notlösung sein. Bei Glasbehältern ist darauf zu achten, dass dunkles Glas verwendet wird.

Heilkräuter können nicht beliebig lange aufbewahrt werden. Die Haltbarkeit von Heilkräutern ist auf jeden Fall begrenzt. Durch die Haltbarkeitsdauer kann durch sachgerechte Lagerung wesentlich erhöht werden. So soll der Lagerplatz dunkel, eher kühl und absolut trocken sein. Ein Medizinschrank aus Holz, der nicht direkt bei einer Wärmequelle platziert ist wäre ideal. Um Ihre Heilkräuter nicht wegwerfen zu müssen, kaufen Sie nicht zu große Mengen an Heilpflanzen. Beschriften Sie die Behälter mit dem Namen des Heilkrauts und dem Datum der Ernte bzw. der Verarbeitung.

10 Weitere Ernährungsvorschläge

Folgende Syndrome der Diätetik, der TCM oder als Therapieergänzung bei Krebs sind verfügbar.

DIÄTETIK
1. Ernährung des Säuglings - Beikost
2. Ernährung in der Stillzeit
3. Ernährung im Alter
4. Ernährung von Kindern und Jugendlichen
5. Ernährung von Sportlern
6. Leichte Vollkost
7. Schwangerschaft
8. Vollkost
Eiweiß und Elektrolyt – Nieren
9. (Hämo-)Dialysebehandlung
10. Akutes Nierenversagen
11. Chronische Niereninsuffizienz
12. Nephrotisches Syndrom
13. Nierensteine (Nephrolithiasis)
Gastrointestinaltrakt - Bauchspeicheldrüse
14. Akute Pankreatitis (Entzündung der Bauchspeicheldrüse)
15. Chronische Pankreatitis (Entzündung der Bauchspeicheldrüse)
Gastrointestinaltrakt - Dünndarm und Dickdarm
16. Akute Obstipation (Verstopfung)
17. Chronische Obstipation (Verstopfung)
18. Colon irritabile
19. Divertikulitis
20. Erworbene Laktoseintoleranz (Laktosemalabsorption)
21. Fruktosemalabsorption
22. Glutensensitive Enteropathie (Zöliakie)
23. Kolektomie
24. Kurzdarmsyndrom
Gastrointestinaltrakt - Leber, Gallenblase, Gallenwege
25. Akute und chronische Hepatitis (Entzündung der Leber)
26. Cholelithiasis (Gallensteine)
27. Fettleber
28. Leberzirrhose
Gastrointestinaltrakt - Magen und Zwölffingerdarm
29. Akute Gastritis
30. Chronische Gastritis
31. Magenblutung
32. Ulcus ventriculi und Ulcus duodeni
33. Zustand nach Magenoperation
Gastrointestinaltrakt - Mundhöhle und Speiseröhre
34. Mundschleimhautentzündung
35. Ösophaguskarzinom (Speiseröhrenkrebs)
36. Reflüxösophagitis (Sodbrennen)
spezielle Krankheiten
37. Phenylketonurie (PKU)

38. Rheumatische Gelenkserkrankungen
Stoffwechsel
39. Adipositas (Übergewicht)
40. Diabetes mellitus
41. Essstörungen (Untergewicht)
Fettstoffwechsel
42. Hypercholesterinämie (erhöhter Cholesterinspiegel)
43. Hepatische Enzephalopathie
Herz- und Kreislauf
44. Arteriosklerose (Arterienverkalkung)
45. Herzinsuffizienz
46. Hypertonie (Bluthochdruck)
47. Hyperurikämie und Gicht
veränderter Nährstoffbedarf
48. bei Fieber
49. bei malignen Erkrankungen
50. nach Verbrennungen
51. Strahlen- und Chemotherapie

KREBS
100. Bauchspeicheldrüse
101. Blasenkrebs
102. Blutkrebs (Leukämie)
103. Brustkrebs
104. Darmkrebs
105. Magenkrebs
106. Nierenkrebs
107. Speiseröhrenkrebs

TCM
200. Blase - Feuchte Hitze in der Blase
201. Blase - Feuchtigkeit und Kälte in der Blase
202. Blase - Leere und Kälte in der Blase
203. Dickdarm - äussere Kälte befällt den Dickdarm
204. Dickdarm - Feuchte Hitze im Dickdarm
205. Dickdarm - Hitze blockiert den Dickdarm II akut
206. Dickdarm - Trockenheit des Dickdarms
207. Dickdarm - Yang Mangel (Kälte)
208. Herz - Blut Mangel
209. Herz - Blut Stagnation
210. Herz - Feuer
211. Herz - Heisser Schleim verstopft die Herzporen
212. Herz - Kalter Schleim verstopft die Herzporen
213. Herz - Qi Mangel
214. Herz - Yang Mangel
215. Herz - Yin Mangel
216. Leber - aufsteigender Leber-Yang
217. Leber - Blut-Mangel
218. Leber - Blut-Stagnation
219. Leber - feuchte Hitze in Leber und Gallenblase
220. Leber - Feuer
221. Leber - Gallenblase Qi-Leere
222. Leber - Kälte im Lebermeridian

223. Leber - Qi-Stagnation
224. Leber - Wind
225. Leber - Wind mit aufsteigendem Leber Yang
226. Leber - Wind mit Blutleere
227. Leber - Wind mit extremer Hitze
228. Lunge - Qi Mangel
229. Lunge - Schleim-Feuchtigkeit in der Lunge
230. Lunge - Schleim-Hitze in der Lunge
231. Lunge - Schleim-Kälte in der Lunge
232. Lunge - Trockenheit der Lunge
233. Lunge - Wind-Hitze befällt die Lunge
234. Lunge - Wind-Kälte befällt die Lunge
235. Lunge - Yin Mangel
236. Magen - Blutstagnation
237. Magen - Feuer
238. Magen - Magenkälte mit Flüssigkeit
239. Magen - Nahrungsstagnation
240. Magen - Qi Mangel
241. Magen - rebellierendes Magen Qi
242. Magen - Yin Leere
243. Milz - Hitze und Feuchtigkeit befällt die Milz
244. Milz - Kälte und Feuchtigkeit befällt die Milz
245. Milz - Qi Mangel
246. Milz - Qi Mangel + Absinkendes MilzQi
247. Milz - Qi Mangel + Milz kontrolliert das Blut nicht
248. Milz - Yang Mangel
249. Niere - Herz und Niere kommunizieren nicht mehr
250. Niere - Jing Mangel
251. Niere - Nieren können das Qi nicht empfangen
252. Niere - Qi ist nicht fest
253. Niere - Yang Mangel
254. Niere - Yin Mangel

11 EBNS - Software für die Ernährungsberatung

Die Hauptaufgabe der Datenbank ist eine „**personalisierte Ernährungsberatung**" für jeden Patienten individuell. Die Datenbank wurde für die Diätetik und Traditionellen Chinesischen Medizin entwickelt. Sie Unterstützt bei der Ausbildung und Beratung im Arbeitsalltag.

Das Computerprogramm liefert Listen von Rezepten, Zutaten und Kräuter, welche dem Klienten mitgegeben werden. Individuell nach Patienten-Wunsch von Vollkost bis Vegetarier (Lacto-, Ovo-, ...) einstellbar. Zu jedem Register gibt es ein INFOBLATT welches einmal dem Klienten mitgegeben werden kann.

Die Syndrome sind kombinierbar und ergeben eine Schnittmenge der empfehlenswerten Rezepte und Zutaten. Die automatisierte Diagnose für die TCM ermöglicht Ihnen während der Ausbildung Ihre Erfahrungen zu überprüfen sowie im Arbeitsalltag ihre Diagnose zu bestätigen. Sie wählen mehrere vordefinierte Symptome und lassen sich vom Programm die relevanten Syndrome automatisch anzeigen.

Wie Sie mit der Datenbank arbeiten können:
Sie können alle Werte verändern, neue Symptome oder Syndrome anlegen, Rezepte entwickeln, verändern oder Zutaten und Kräuter an Ihre Erkenntnisse anpassen. In der einfachen Klientenverwaltung werden alle relevanten Daten zu der Person gespeichert. Sie bekommen einen Überblick über die zurückliegenden Diagnosen und die Entwicklung des Krankheitsverlaufes.

Als Berater sparen Sie viel Zeit, wenn Sie für die erkannten Syndrome die Rezept-, Lebensmittel- und Kräuterlisten ausdrucken und den Klienten mitgeben. Diese Zeit können Sie für das persönliche Gespräch nutzen.

Alle Rezept- und Lebensmittellisten können Sie auch als Kombination mehrerer Erkrankungen bestellen. Mit der Datenbank können Sie außerdem für jedes Rezept die Nährstoffe und Spurenelemente angezeigt bekommen und Rezepte für Syndrome selbst mit vorgeschlagenen Zutaten entwickeln.

Weitere Informationen finden Sie auf http://www.ebns.at.
Josef Miligui, Tel.: +43 660 121 05 00

Lightning Source UK Ltd.
Milton Keynes UK
UKHW020906121121
393852UK00013B/806